教育相談×仏教思想

—教育相談に示唆する仏教的人間観—

岩瀬真寿美・鶴見　晃・目黒達哉　著

開成出版

JN117177

まえがき

　「教育相談」の対象領域は幅広く、児童生徒の抱える問題は多様化している。背後には、家庭や地域の教育力の低下といった孤立に関わる問題や、ストレスの増大やコミュニケーション不足など、多岐に渡る問題が指摘されている。この中で、教員はどのように児童生徒に関わればよいか、日々、悩むケースが多くある。もちろん、受容や傾聴といったカウンセリング理論の基本は学び、実践している教員ではあるが、技術だけではなく、それを補う確かな教育理念や人間観に裏打ちされた実践は、児童生徒の心に響くことが少なくないことだろう。もちろん、スクールカウンセラーといった心理専門職につなげることが望まれるケースも多くあるが、日常の教育実践の中で多くの時間を児童生徒と過ごす教員の各々が、自身の教育理念や人間観を強く確かなものへと鍛え上げていくことが、日々の教育実践において、児童生徒に強い影響を及ぼすことは間違いないだろう。

　執筆者の3名が所属する同朋大学（2023年度現在）は、「同朋和敬」を建学の理念とする大学であり、お互いの違いを認め合い、敬い尊重することを目指している。仏教や心理学の専門家である教員も多く、学生相談においても、その仏教的視点や心理学的視点の専門性が生かされている。3名の執筆者は、教育、仏教、心理とそれぞれ専門を異にするが、「教育相談」に示唆する「仏教思想」を考えるという一つのテーマで本ハンドブックをまとめることをきっかけに、今後、仏教思想が教育相談に示唆する知見をさらに深め広げていきたいと願っている。

さて、「心理学と仏教」をテーマとした研究は 2000 年以降急増しており、カウンセリングや対人援助、ケアリング、傾聴理論等に、仏教思想が示唆できることが注目されており、心理学的「傾聴」と仏教的「聴聞」や、ロジャーズのカウンセリング理論と釈尊の対機説法との共通点と相違点を探るといった研究もみられる。一方で、世間では一般的にこれまで、心理学は西洋的な潮流によるものが主流であり、その流れは「教育相談」に関しても同様であった。西洋的な心理学の潮流に対して仏教思想が補完できる視点を具体的に提供していくことが本ハンドブックのねらいであり、それらを一般にも分かりやすく伝えるために執筆する。

（岩瀬真寿美）

目次

第1章　教育相談における
人間観と教師の在り方

岩瀬真寿美

1．教師や親の在り方と子どもへの関わり

　子どもの発育にとって、子どもに対する親、教師の関わりの重要性については言うまでもない。たとえば、平成19年7月の「教育相談等に関する調査研究協力者会議」では、次のように述べられている。

　　児童生徒が日常生活において接する機会が多い大人は、<u>圧倒的に親と教員</u>である。児童生徒のわずかな変化をないがしろにしたり、抱える悩みを見過ごすことなく、できるだけ早期にとらえ、悩みが深刻化しないようにアドバイスや声かけを行うことが大切である。<u>親や教員は、自らの児童生徒に対する関わりの与える影響の大きさを十分に自覚する必要がある。</u>」[1]

　つまり、子どもの発育への周りの大人の影響力を鑑みたとき、悩み相談の方法論が重要であることも否めないが、周りの大人がどのように子どもを見るかといった子ども観、ひいては人間観が子どもへ与える影響力も大きいこと、もっと言えば、周りの大人の生き方までも問われるといっても過言ではない。専門家としてのスクールカウンセラーやスクールソーシャルワーカーの働きが重要なことは、またしても言うまでもないが、見過ごされやすい教師や親の在り方、生き方が、子どもへ知らず知らずのうちに無言のメッセージを送っていることは、隠れたカリキュラムの例をひくまでもなく[2]、推測できることである。人生観、価値観が多様であり、それらを相互に認め合

い、尊重することは価値多様化の現代日本において、当然のことである。一方で、人生の羅針盤となる人生観、価値観のヒントを与えてくれるであろう、その一つの候補となる仏教思想に、教育相談への示唆を求めようとするのが、本ハンドブックの目的である。

　ここで、「一つの候補」と述べる理由は、必ずしも仏教思想に限定して教育相談への示唆を求めることが適切だと述べたいわけではなく、言ってみれば、キリスト教であったり、西洋倫理であったりしても羅針盤としての意義があると考えるからである。ただ、対象を広げれば、思想、哲学、倫理の種類は膨大なものになるため、本ハンドブックでは、仏教一般に絞るかたちで、教育相談への示唆のヒントを求めてみたい。

　さて、教育相談に対する仏教思想の示唆についての研究は、これまでにどれほどなされてきたのであろうか。試みに、論文検索システム（CiNii）にて「教育相談」と「仏教思想」の両単語がかかる論文を調べたところ、ほとんどヒットしない（2024 年 2 月 10 日現在）。それらに関わる別の単語で調べれば、ヒットする可能性はあるだろうけれども、「教育相談」への「仏教思想」からの示唆という分野が、これまで必ずしも注目されてこなかったということは分かる。ここにはおそらく、わが国の政教分離の考え方が背景の一つとしてあるのは容易に推測できることである。

2．わが国の政教分離と宗教教育

　政教分離に関しては、わが国では、私立学校を除く学校教育において、一つの宗派宗教に偏った宗教教育を実施してはならないという形でよく知られるところである。教育基本法研究者の杉原誠四郎（1941-　）による「日本における政教分離の現状と教育の課題」（1998 年 5 月 24 日発表）の中から[3]、その一節を参照しても、わが

国の宗教教育の課題が容易に理解できる。

　たとえば、「「信教の自由」を保障するために置いた政教分離の原則が、実質的に「信教の自由」を抑制することになる」という杉原氏の見解は、必ずしも政教分離が成功しているわけではないという様を教えてくれるし、「教育に関するかぎりは、人間にとって「宗教心」が普遍的に存在するものであり、この「宗教心」にかかわる教育なくして、本当の教育は成り立たないものなのであるが、そのことを理解できず、憲法二十条三項の宗教教育にかかわる政教分離の規定を過度に意識する結果、安易に宗教を排除して教育することになってしまったのである。」という指摘は、戦後生まれの、言ってみれば意識的には宗教の教育を受けてこなかった現代の大人たちの多くにとっては、あえて指摘されるまで見過してしまうような内容とも思えるかもしれない。

　現代日本においては、宗教心を意識的に教育されてこなかった時代が 50 年以上も続いてきた中で、教育界においては、自身の人生観に大きな揺らぎを感じる青少年たちの道しるべ、あるいは生き方・在り方のヒントをどれだけ提供できてきたといえるだろうか。たとえば、最も宗教に近い領域を担うと考えられる高等学校の新公民科においては、公共、倫理、政治・経済の三つの科目が配置されているが、中でも倫理の科目の性格として、学習指導要領では、以下のように説明されている。

　<u>人間尊重の精神と生命に対する畏敬の念</u>に基づいて、グローバル化する国際社会に主体的に生きる平和で民主的な国家及び社会の有為な形成者として必要な公民としての資質・能力を養うことを基本的性格としている。[4]

「人間尊重の精神と生命に対する畏敬の念」という表現は、道徳科学習指導要領にも記載があるが、倫理は、「古今東西の幅広い知的蓄積を通してより深く思索するための手掛かりとなる多様な視点（概念や理論など）を理解し、それらを活用して、現代の倫理的諸課題を広く深く探究する活動を通して、人間としての在り方生き方についての思索を深めていく」科目として設定されている[5]。つまり、先人たちの哲学・思想を生徒自身や人間の生き方に応用、あるいは活用することが求められているのである。

　倫理と宗教の接点を考えるにあたり、試みに、少し長いが、「人間尊重の精神と生命に対する畏敬の念に基づいて」ということについて、同学習指導要領解説からその説明を引用しておきたい。

　　民主的な社会においては，一人一人の人格を尊重するということが基本的な精神とされており、この人間尊重の精神が、社会生活においても人格の形成においても、その基本に置かれるべきものであることを明示している。また，生命に対する畏敬の念は、人間の存在そのものあるいは生命そのものの意味を深く問うときに求められる基本的精神であり、人間だけでなく全ての生命のかけがえのなさに気付き、生命あるものを慈しみ、畏れ、敬い、尊ぶことを意味しており、生命に対する畏敬の念に根ざした人間尊重の精神を培うことによって、人間の生命が、あらゆる生命との関係や調和の中で存在し生かされていることを自覚するとともに、より深く自己を見つめながら、人間としての在り方生き方についての自覚を深めていくことが求められていることを意味している。[6]

　ここに述べられているのは、人間だけでなく、その他の生命も含めて、すべてを尊重する精神であり、言ってみれば、日本的アニミズム

であったり、「一切衆生悉有仏性（いっさいしゅじょう・しつうぶっ しょう）」といえる世界観に通じるもの[7]、すなわち、いわゆる宗教的 なものにつながるものといえるだろう。特に、波線でひいた箇所に着 目すれば、日本的な宗教心、宗教意識とも考えられるものが、意識的 ではないにせよ、この文章の中に取り込まれていると考えられる。こ のように、曖昧ではあるが、日本的な宗教心、宗教意識なるものが、 学校教育においても倫理や道徳の分野では期待されているのだとす れば、政教分離という一言で一刀両断することにより、失ってしまう 貴重な先人の知恵が確かにあるということには疑いを挟む余地がな いだろう。

　以上、教師や親の在り方や価値観の影響力の大きさと、宗教心や宗 教意識の教育的意義について押さえた上で、次節より、本ハンドブッ クのテーマである「教育相談」へと話を進めていきたい。

3. 生徒指導提要と教育相談

　学校における「教育相談」について、「学習指導要領」「特別活動」 では、「学校生活への適応や人間関係の形成、進路の選択などについ ては，主に集団の場面で必要な指導や援助を行うガイダンスと、個々 の生徒の多様な実態を踏まえ、一人一人が抱える課題に個別に対応 した指導を行うカウンセリング（教育相談を含む。）の双方の趣旨を 踏まえて指導を行うこと」と述べられ[8]、「学習指導要領解説」「特別 活動」の中には、「集団場面の学習成果が個別に生かされて生徒一人 一人のものとなるためには、個別指導の中心的なものである教育相 談が十分に行われることが必要であり、生徒の家庭との密接な連絡 の下に行われることによってその効果も一層高まること」と記載さ れている[9]。「学習指導要領」「総則」には、「支援を行うためには、学 級担任のみならず教育相談担当教師など他の教師がスクールカウン

セラーやスクールソーシャルワーカー等の専門スタッフ等と連携・分担し学校全体で行うことが必要である」と述べられている[10]。

　また、令和4年12月に改訂された「生徒指導提要」(改訂版)は、12年ぶりに改訂された学校・教職員向けの生徒指導に関する基本書であり、生徒指導と教育相談とは異なるものであるが、重なり合う部分もあるため、本書は、教育相談について考えるためにも恰好の書である。改訂「生徒指導提要」では、児童生徒の権利の理解、生命(いのち)の安全教育、精神疾患に関する理解などについても共通理解が図られるよう、それらをテーマとして挙げている。その社会的背景には、子どもたちの多様化がある。そこで求められる教育として、「生徒指導提要」では、「子供の発達や教育的ニーズを踏まえつつ、一人一人の可能性を最大限伸ばしていく教育」が挙げられる(「生徒指導提要」まえがき)。この改訂によって、生徒指導は重層的支援構造として視覚化され、発達支持的生徒指導、課題予防的生徒指導、困難課題対応的生徒指導と、順に、全ての児童生徒を対象とするものから、特定の児童生徒を対象とするものへと重層的な構造が示された(以下、図1参照)。このように、生徒指導に関しては、定義、構造、テーマごとの未然防止策、対応例などの基軸が全国で共有されるに至った。一方で、教師の在り方や生き方については、ほとんど言及がされていない。

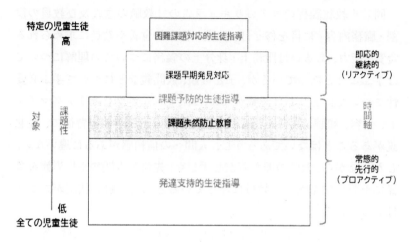

図1−1．生徒指導の重層的支援構造

（「生徒指導提要」19頁より引用[11]）

　さて、教育相談に話を戻すと、教職課程のコアカリキュラムでは[12]、教育相談は「幼児、児童及び生徒が自己理解を深めたり好ましい人間関係を築いたりしながら、集団の中で適応的に生活する力を育み、個性の伸長や人格の成長を支援する教育活動」と説明され、そのために教職課程履修生が学ぶ内容として、「幼児、児童及び生徒の発達の状況に即しつつ、個々の心理的特質や教育的課題を適切に捉え、支援するために必要な基礎的知識（カウンセリングの意義、理論や技法に関する基礎的知識を含む）を身に付ける」と説明される[13]。具体的には、心理学の基本的な理論や手法、技法が中心であり、たとえば、教師の在り方に限って見れば、カウンセリングマインド、受容、傾聴、共感的理解などの姿勢や技法を学ぶこととされている。こちらも生徒指導と同様、手法が中心となっており、教師の日頃の在り方や生き方について言及されることはほとんどない。

同じく教職課程のコアカリキュラムの「教職の意義及び教員の役割・職務内容」に目を移せば、教職の社会的意義や教員に求められる資質・能力、あるいは服務上・身分上の義務についての理解については学ぶこととなっているが、子ども観、人間観などについて学ぶ必要性についてはとりわけ記載がない。おそらく、カウンセリングマインド、受容、傾聴、共感的理解ができる教師の子ども観の背後に、性悪説があることはないであろうし、人間への信頼感があるに違いない。しかしながら、教師の卵たちが必ずしも、先哲の人間観や世界観を多様に十分に学んだ上で教員になっているとは言い難い状況がここにはあるといえるだろう。

　教師の姿勢や意識に目を向けているものとして、たとえば、足利市立教育研究所の「学校における教育相談ハンドブック」には[14]、①精神的に安定していること。②受容的な態度で接すること、の二点が挙げられている。もちろん、技術的なこと（「例えば、足利市立教育研究所によれば、①日常の信頼関係づくりに努める。信頼関係があって初めて教育相談が成り立つ。②話しかけるタイミングに心を配る。③その場で結論を出そう、納得させよう、約束させよう、としない「先生は私のことを心配しているのだ。」と伝わるだけでも十分。④普段から児童生徒に気軽に声かけをするように心がける。⑤投げかけた後のフォローも行う。）も[15]、直ちに実行できる大切なものであることは確かであるが、先に述べた教師の姿勢や意識（①精神的な安定、②受容的な態度）はこれらの技法の基盤となる重要なものといえるだろう。

　以上、第一章で述べてきたことは、学校の教職員の姿勢・意識（①精神的な安定、②受容的な態度）の重要性とその背後にある人間観の重要性であった。次章以降の理論編では、そもそもの、心理学と宗教の関係性について確認し（第二章）、現代社会における孤独や孤立の

問題を仏教思想の観点から検討し（第三章）、教育相談に必要なカウンセリング論の具体を論じ（第四章）、「教育相談」のテーマを仏教的「四苦八苦」や「縁」と関わらせて考察（第五章）していきたい。

注

[1] 「1　学校における教育相談の充実について（2）児童生徒の視点からの教育相談の在り方について」（児童生徒の教育相談の充実について―生き生きとした子どもを育てる相談体制づくり―（報告）：文部科学省（mext.go.jp））
https://www.mext.go.jp/b_menu/shingi/chousa/shotou/066/gaiyou/1369810.htm
2024 年 2 月 10 日アクセス。下線は筆者によるもの

[2] 隠れたカリキュラムとは、「生徒たちが、学校生活にうまく適応するために学びとった、黙示的な規範・価値・態度など」をいう（「教育学基礎用語 200 字解説」朝日新聞社『AERA Mook13 教育学がわかる』1996 年、170 頁より）

[3] 杉原誠四郎「日本における政教分離の現状と教育の課題」（1998 年 5 月 24 日発表）
https://www.pwpa-j.net/9members/articles/no139/139-2sugihara.htm
2024 年 2 月 10 日アクセス

[4] 「高等学校学習指導要領解説　公民編」（平成 30 年告示）文部科学省。下線は筆者によるもの）

[5] 同上。

[6] 前掲、87 頁。傍線、波線は筆者によるもの。

[7] 一切衆生（いっさいしゅじょう）には、すべてことごとく生まれながらにして仏性（仏となる可能性）があるということ。（増谷文雄、

金岡秀友『仏教日常辞典』太陽出版、1997 年、14 頁）

8 中学校学習指導要領「特別活動編」文部科学省、平成 29 年 7 月。

9 中学校学習指導要領解説「特別活動編」文部科学省、平成 29 年 7 月。

10 中学校学習指導要領「総則編」文部科学省、平成 29 年 7 月。

11 「生徒指導提要」文部科学省、令和 4 年 12 月。

12 「教職課程コアカリキュラム」とは、教育職員免許法および同施行規則に基づき、全国すべての大学の教職課程で共通的に修得すべき資質能力を示すものである。

13 教職課程コアカリキュラムの在り方に関する検討会「教職課程コアカリキュラム」平成 29 年 11 月 17 日
https://www.mext.go.jp/component/b_menu/shingi/toushin/__icsFiles/afieldfile/2017/11/27/1398442_1_3.pdf 、25 頁。
2024 年 2 月 12 日アクセス。

14 足利市立教育研究所「学校における教育相談ハンドブック」 平成２３・２４年度 足利市立教育研究所研究員、紀要 436
http://kyouiku.ashi-s.ed.jp/kenkyujo/soudan_HB.pdf
2024 年 2 月 12 日アクセス

15 同上。

第2章　心理学と宗教の関係性

岩瀬真寿美

はじめに―教育哲学の基盤としての仏教の可能性

　子どもの自殺や不登校、いじめ等といった、子どもや教育をめぐる問題は、もはや対処療法で減らしていくだけでなく、抜本的、根本的に教育の哲学について問い直す時ではないかという課題意識のもと、子どもを取り巻く大人、とりわけ教師や親の人間観が問われてくるのではという視点から、本章では、心理学と宗教の関係性をとおして人間存在の在り方について検討してみたい。

　その前にまず、本ガイドブックは教育相談をテーマとしているため、「教育」に焦点を当て、中でも人間存在についても検討の範疇に含む教育哲学における宗教哲学の意義について考える。そもそもキリスト教に基づく、愛を中心理念とする教育学は人口に膾炙しているものの、慈悲を中心理念とする仏教的教育学の意義はあまり一般的には知られていないということについて確認しておきたい。

　　「まことの賢人・知恵者に育て上げる教育は、まことの賢人・知恵者である親や教師が、子や生徒に知恵をもって接することにおいてのみ」可能である。[1]

　　「ペスタロッチの体系の中心理念は、キリスト教的な愛の理念である…［中略］…本書でめざしているのも、キリスト教的な愛を中心理念とする教育学の基礎づけであり、愛における愛への教育実践の理論化にほかならない」。[2]

　以上の2つのことばはいずれも、キリスト教をベースにした教育

11

哲学である。キリスト教をベースにした愛を中心理念とする教育哲学のみならず、仏教的慈悲を中心理念とする教育哲学もあってよいはずである。さて、「教育科学の基礎に教育哲学がなければ、その教育科学はいわば自律性なき根無し草になるであろう」という指摘を俟たずとも[3]、教育はその方法論のみでは立ち行かないということが分かる。

　すなわち、以上の三つの引用を手掛かりにすれば、教育においては手法・メソッドのみが大事なのではなく、言うまでもなく、教師や親の人間性や人間観、ひいては子ども観が問われてくるということ、教育哲学の基盤としてのキリスト教だけでなく、仏教も含め、たとえば、仏教的慈悲をもとに教育実践を理論化など、広くは宗教に基礎づけられた教育哲学の意義を理解することができる。

1．悩みがありながら、そのまま救いであるということ
　さて、教育相談は心理的カウンセリングの技法によって主に実施されているが、一方に宗教的カウンセリングという概念がある。それは以下のような言葉で表されるものである。人は、「人間としてどうしても避けて通ることのできない真の悩みが自分の中に存在すること」に気づくようになり[4]、「人間として生まれ、今生かされていることの有難さに目覚め、それがそのまま救いとなる」という目覚めが宗教的カウンセリングにおいて起こる[5]。すなわち、心理的カウンセリングが、悩みを一つずつ解決していくものであり、悩みが一つ解決しても次にまた悩みが出てくる場合があるのに対して、宗教的カウンセリングは、悩みを根こそぎ解消するものであり、「今ここ」の有難さに目を向け、悩みを持っても、それを持ちながらにして解消するという考え方であるとされる。

　たとえば、欧米にて仏教を普及した近代日本最大の仏教者である

鈴木大拙（18790-1966）の「則非の論理」は、大乗仏教の般若経典の一つ『金剛経』第十三節の「仏説般若波羅蜜、即非般若波羅蜜、是名般若波羅蜜」（書き下し「仏の説き給う般若波羅蜜というのは、即ち般若波羅蜜ではない。それで般若波羅蜜と名づけるものである」）という般若系思想の根幹であり禅の論理を定式化したものである[6]。それは、「A は A でない」とは A＝Not A ということであり、A を「自己」とすると、非 A は「他者」ということになり、「自己が他者になってこそ、はじめて真の自己が自覚される」ということ、「A が即座に非 A になることによって、仏の説きたまう A になる」ということと捉えられる。A が即座に非 A になるということは、心理的というよりも宗教的なものであり、先の宗教的カウンセリングにおける「悩みを持っても、それを持ちながらにして解消するという考え方」に対応していると見ることができよう。

2. 「病める魂」の宗教的救い・目覚め

　さて、日本では江戸時代から明治期にかけてであるが、アメリカに生きたウィリアム・ジェイムズ(William James, 1842 － 1910)は、人間性の転換点を指し示す「回心(conversion)」について「その個人に特有のできごととして記述」する伝記的方法によって研究した[7]。ジェイムズは科学技術文明が進展する一方でキリスト教が退歩していった十九世紀後半のアメリカに生きた哲学者であり心理学者である。哲学における「プラグマティズム(pragmatism)」の父として、心理学における現代心理学の開拓者として、あるいはアメリカ機能主義の祖として影響を与えてきた。科学技術文明と精神文明とのバランスが崩れかかった情況において、人間の精神生活そのものを自覚的に統制して精神生活を正しい軌道に乗せる必要があると彼は考えたという点で、現代にも通じる課題意識をもっていると考えられる。彼の

思想は生き方と密接に関係しており、初期における生理学や心理学に関する研究から、哲学や宗教の研究へと次第に移っていったジェイムズの「回心」研究は、キリスト教がベースとなっているものであるが、彼の捉える「健やかな心(healthy-mindedness)」をもつ者の宗教と「病める魂(the sick soul)」をもつ者の救いという視点は、現代日本の「教育相談」にも示唆深いと考えられる。

ジェイムズ曰く、すべての信条や宗教において、「不安感」と「その解決」が共通の核心にあるという。不安感とは、「自然の状態にありながら、私たちにどこか狂ったところがあるという感じ」であり、そのような不安感の解決として、「より高い力と正しく結びつくことによって、この狂いから私たちが救い出されているという感じ」がある。

ジェイムズによれば、人間には「健やかな心」と「病める魂」を持つ者という二種類がいる。「病める魂」をもつ者とは、別名「陰気な者」とも呼ばれ、自分の宗教的な平安までも、ひどく重苦しいものにしてしまうし、平安のまわりには、依然として危険がただよっていると感じる人である。このような人々は、「人生では悪い面のほうがその真の本質をなす」と考えており、彼らにとって、健やかな心は「言いようもなく盲目で浅薄」に見える。中には、罪について、「人間の主観の本性に深く根ざしており、どんなに表面だけの部分的な手術を施しても決して除去できないもの」と捉える者もいるのであり、「死ぬことができる、病気になることができるという事実」について悩み、「さしあたって今生きており、そして健康であるという事実は、その悩みにとっては重要な問題ではない」という。まさに、心配性であり、現在の楽しさよりも、その後の不安に目を向けるような人物像である。

他方、「健やかな心」を持つ者は、「苦悩を長びかせることが体質的

にできないような気質」をもち、「悪は病気であり、病気のことでくよくよ気をもむのは、そのこと自体がまた一つの病気である」という考えをもつ。言ってみれば、楽観主義的である。彼らにとって最善の生き方とは、「正義（justice）のために行動すること」であり、「健やかな心そのものが一切を救う力をもっていることを、勇気と希望と信頼には無敵の実力があることを直感的に信じて」いるという。このような人々は、ジェイムズによれば、「災悪とは無縁でいられるであろうし、また健やかな心を依りどころに人生を幸福に渡ってゆけるかも知れない」が、その幸福は「個人にかかわるだけであって、個人の外にある災悪は、この哲学によっては贖われも救われもしないで残される」ため、手放しに称賛はできないという。

　以上、ジェイムズのいう二種類の人間像を見てきたが、ここで確認しておきたいことは、ジェイムズは、「病める魂」をもつ者にこそ、「第二の誕生（a second birth）」の機会があると述べていることである。つまり、「病める魂」をもつ者を病的で暗いとネガティブに決めつけるのではなく、このような人々にこそ、「回心」という生き方としての生まれ変わりのチャンスがあると述べているのである。このことは、「一階建て」か「二階建て」かという喩えをとおしても説明されている。「健やかな心」をもつ者の世界は「一階建てのもの」であり、その人生の最終的な勘定は、「一つの単位でおこなわれ、その部分部分はきっかりそれらが自然にもっているように見えるだけの価値をもっており、単に代数的にプラスとマイナスを合計するだけで価値の総和が出てくるといったようなもの」であるという。他方で、「病める魂」をもつ者の世界は「二階建ての神秘」であり、人生の勘定は「最後の差引で残高ができない」ものであり、「自然的な生命と霊的な生命との二つの生命」のうち「その一つに与り得るためにはまず他方を失わなければならない」という。すなわち、ここには宗教的

な救い、目覚めがほのめかされていると言っても過言ではないだろう。

　翻って、釈尊の生き方を追っていくと、やはり、釈尊は「病める魂」「第二の誕生」「二階建て」の人生を生きた人ではなかったかと想像する。それが分かる文章を『仏陀−その生涯と思想−』より引用したい[8]。

　　人間はいつまでも元気はつらつたる若人でありたい、元気あふれる健康体でありたいと願っているが、なかなかそのようにはいかない。人生は常に移り変わっていく。盛んなるものは衰え、年若いものもいつか老いていくのである。人間の生活には楽しみやよろこびもあろうが、かなしみやさみしさも必然的にともなっているのではなかろうか。多くの人はこのような人生のすがたに対する深い自覚をもっていないかも知れないが、太子の心にうつった事実は強く刻印された苦悩の対象であった。

楽しみや喜びが儚いことを知っているかどうか、意識するかどうか、あるいはまた、人生には必然的に悲しみや寂しさがあることを意識するかどうか、そこに、「病める魂」か「健やかな心」かの違いがあるようにも考えられる。また、ある人が常に「病める魂」であるとは限らないし、「健やかな心」であり続けるというのではなく、時にはある人が「健やかな心」をもち続ける場合もあるし、その同じ人が時には「病める魂」を人生において経験する時期もあるというようにも考えられる。

　さて、「健やかな心」にとっての宗教は、音楽、科学、その他「文明」と称されているもの、時には「笑い」（魂の解放の証明）となるけれども、「病める魂」にとっての宗教は、「回心」を促すもの、心理

学的に見れば、「自己放棄」を促すものとジェイムズは考える。悩みはないに越したことがないと一般的には考えられているが、悩みをきっかけとして宗教的救い、あるいは目覚めが生まれるということについて、第二節ではジェイムズの考察をたよりに検討してきた。続いて、ジェイムズが捉える「回心」と自己放棄の関係性について見ていきたい。

3. 自己放棄の観点から見る「回心」のメカニズム

ジェイムズは宗教的現象について、キリスト教学の立場からでなく、心理学的観点から説明していくが[9]、その象徴となるのは、「魂」を実体としてではなく「意識の場の連続」とみるところにある。「回心」を「それまでその人間の意識の周辺にあった宗教的観念がいまや中心的な場所を占めるにいたるということ、宗教的な目的がその人間のエネルギーの習慣的な中心をなすことにいたるということ」と説明するように、心理的事象と宗教的事象を別々の次元の隔絶したものとして扱うのではなく、一つの継続的な変容と捉えるのである。その変化の中にも、「瞬間的な回心」と「漸次的な（少しずつの）回心」という二種類のメカニズムがあると彼は分析する。

まず、「瞬間的な回心」は、「愛や嫉妬や罪の意識や恐怖や悔恨や憤怒などが、突然にそして爆発的に人をおそうこと」があるように「希望、幸福観、安心感、決意など、回心につきものの感情も、同じように爆発的に生ずることがある」と説明され、その契機こそ「自己放棄（self-surrender）」だという。他方、「漸次的な回心」とは、「最後の一歩そのものは、意志（will）以外の力にゆだねられねばならず、意志活動の助けなしに成しとげられざるを得ない」と述べており、努力して自己変革していこうとしても、最後の一歩は自己以外の力に委ねられるものという。要するに、どのような「回心」であっても、さ

いごには「自己放棄」が必要であるということを心理学的に分析するのである。

　ジェイムズによれば、緊張、自責、心労といった気分から、平静、忍従、平安といった気分への移行は、積極的な活動によるものでなく、単に心をくつろがせて重荷を投げ出すことによって生ずるものであるといい、それは道徳的行為ではなく宗教的行為であると述べる。道徳的な行為とは、努力して、自分の意志や選択によって行動に移されるものであるが、宗教的行為とは必ずしもそうではないということが、ここから理解できる。心理学的には、この「重荷の投げ出し」とは、中心となる観念をいったん取りはらうということであり、それによって、周辺にある宗教的意識が中心に入り込んでくることと説明される。

　宗教的には、「私」へのこだわり、執着から逃れたときこそ、他者への慈悲の心が生まれるという説明がされるが、このことは心理学的に言えば、中心となる観念を取り払ったときこそ周辺にある意識が中心に入り込むということになるのである。宗教的に説明される事象をそのまま心理学的に説明するということ、ここに、本章でテーマとしてきた心理学と宗教の接点や関係性が見えてくる。

おわりに

　さて、本章では、教育哲学の基礎づけとしての宗教の可能性、宗教カウンセリングと心理カウンセリングとの比較、心理学者ジェイムズを通じた「病める魂」の位置づけと宗教の意義、自己放棄の観点から見る「回心」のメカニズムについて見てきたが、実際に、教育現場において、どのような宗教的観点が、もうすこし狭めれば、どのような仏教的観点が、教師や児童・生徒の息苦しさを少しでも解消してくれるのか。このことについて、次章では、孤独・孤立をキーワードに

考えていきたい。

注
_____

[1] 松本昭『愛による愛への教育』聖燈社、1982 年、359 頁。

[2] 同書、1 頁。

[3] 新掘通也『教育愛の問題』福村書店、1954 年、2 頁。

[4] 友久久雄「仏教とカウンセリング」『仏教とカウンセリング』法藏館、2010 年、13 頁。

[5] 同書、15 頁。

[6] 鈴木大拙「金剛経の禅」『鈴木大拙著作集第 5 巻』岩波書店、1968 年。

[7] William James, The Varieties of Religious Experience, Harvard University Press, 1985.
邦訳は桝田啓三郎訳『宗教的経験の諸相（上）』岩波書店、1969 年、桝田啓三郎訳『宗教的経験の諸相（下）』岩波書店、1970 年。

[8] 藤井敏哉『仏陀－その生涯と思想－』百華苑、1968 年、14 頁。ここで「太子」というのは釈尊のことである。

[9] ジェイムズ、前掲書。

第3章 現代社会における
孤独・孤立×仏教思想

鶴見　晃

はじめに

　社会的孤立は、教育の現場ではひきこもり・不登校や教室での孤立ということになるだろう。孤独から孤立へと段階的に進展するということではないが、その孤立に対する直接的な応答というより、仏教の心に対する考えを視座に、孤独感に視点を置き、その孤独感の延長上というか、視野に入る範囲で孤立という社会的関係の問題を考えたい。

1．自助することが難しい存在としての人

　本章では、現代社会における孤独・孤立の問題を、仏教思想の観点から考えてみたい。教育の現場を考えるならば、子どもは勿論、教員もまた同様に孤独・孤立の状態になりえる。もし教室や職場で孤独を感じ、さらには他者との関係が希薄化して孤立するようなことになれば、子どもであれ、大人であれ、誰でも身心に影響を及ぼしてしまう。孤独・孤立の問題は、現代社会を生きる人間として、子どもも大人も同じ地平にいるという認識を持つことが必要である。その上で教育の現場では、具体的な対応を取ることができる大人、つまり教員や家族、地域社会の人々が積極的に関わることが求められると考える。

　このような視点で考えるとき、共通とは言えないまでも、人間観に一定のコンセンサスが必要であろう。それは国の孤独・孤立対策でも「自助努力に委ねられるべき問題ではなく」と指摘されているように[1]、少なくとも孤独・孤立に対して、人は自助することが難しい存

在であるということである。つまり人は他者との関係の希薄化に対して弱い存在であるということである。この弱さを仏教の視点から考えてみたい。

2. 根本煩悩からみる孤独・孤立

　孤独は大勢の中であれ、誰も居ない部屋にいるときであれ、一人であることに寂しさやまわりから取り残された感覚といった、苦しさをともなうことと言ってよい。これは仏教思想からすると自然な人間のあり方である。

　仏教では、煩悩という心の働きを重視する。根本煩悩と言われるのが我痴・我見・我愛・我慢（四煩悩）である。

　　我痴　　自分の本当の姿に暗いこと

　　我見　　固定した自分があると思うこと

　　我愛　　自分にとらわれること

　　我慢　　自分を誇ること

自分の本当の姿に暗いという我痴は後ほど考えるが、他者と区別された自分があると分別し（我見）、その自分に愛着をもって自分中心に物事を捉え（我愛）、自分が他者より上であると誇りたい（我慢）という心の性質をもっている。これらは人の日常的な意識、心ではなく、私たちの心は、無意識のレベルでこうしたあり方をしていると仏教では捉える。人はいつでも自分にとらわれ、人と比べて生きているということである。

　この四煩悩から考えると、一人でいることが誇らしいことであれば苦しみを感じないのであって、孤独という感情が起こるのは、一人であることが誰か（一人で過ごしてはいない人）と比べて劣っているから苦しいのである。さらには、その一人の状態が自分の積極性とか性格に起因すると思えば、さらに自己が劣って見えてしまう[2]。それは他者との比較によって生じる感情である。それは正しく先ほどの

21

四煩悩から生じる心なのである。その意味で、一人の状態にならない人はいないのであるから、仏教の観点では、人は皆孤独を感じるようにできていると言える。孤独は現代社会に特有の問題ではないし、特定の誰かの問題でもない。ただ現代社会はそれを過剰に感じやすい環境になっているということだと考える。

3. 縁起の視点からみる孤独・孤立

仏教で言う悟りとは、実はこの自分へのとらわれから離れ、比較を超えることである。これは単純なことであるがとても難しいことである。仏教では修行でその困難を乗りこえようとするが、勿論お坊さんにおいても困難なことには変わりない。先ほどの四煩悩はさほど頑固なものである。

この比較を超えた世界の見え方を表すのが、縁起という釈尊の悟りである。縁起とは、私たちのあり方への洞察である。この縁起が判らないというのが、四煩悩の我痴である。

縁起は、「縁って生起する」という意味である。別な言い方をすると「他に依って生起する」とも言いかえることができる（唯識・依他起性）[3]。私たちの心の苦楽は、さまざまな縁によって生じているという経過がある。因・縁・果と言うが、物事には必ず原因がある。しかし原因があれば必ず結果が生じるのではない。植物も、種が原因であるが、種が蒔かれ、土の栄養と水と光が与えられるという縁がなければ育たないように、縁がなければ原因は結果とならない。仏教では、煩悩という心が原因で、さまざまな他者や環境を縁として苦楽を生ずると考える。心は、実体的に固定したものではなく、瞬間瞬間に他との関係という縁によって生ずるものであるということである。ただ先ほどのような心の性質がるため、他者との関係が自分の心を満たすようになっていないと、一人でいることに苦しさを感じるの

である。みんなが自分に好意的に話しかけ、自分を優先してくれるなら私たちは一番満足するのである。しかし現実はそうはならない。孤独は、こうした関係性の中に起こってくる感情であるということである。

4．関係性の上に存在する私
　もう一つこの縁起は、その関係性そのものの意味への洞察が大事な側面である。私たちの心は、関係性に「縁って生起する」心である。ということは、私たちの心は他者と離れていないということである。これは事実の問題である。私たちの心は、他者や環境によって左右されるが、私たち自身、他者や環境とつながっており、互いに関係し合っているのである。縁起は、さまざまなもの、もっと言えば世界そのものが縁起、互いに関係し合って存在しているという存在の事実を表している。他との関係を抜きに自立して存在するものはないという無我の教えであるが、他者と分けられた自分が存在すると思っている私たちにとっては、なかなか理解しにくい考えだと考える。しかし他者や環境、つまり世界が存在しないなら、私たちが生きるということそのものが成り立たないことを考えれば、関係性の上に自分が存在することも知識としては理解できるであろう。勿論これは釈尊の悟りの領域の問題である。

おわりに
　しかし悟りだからと関係ないとするのではなく、こうしたつながりこそが私だという、縁起の事実に反している心のはたらきを私たちはしてしまうということを知り、その心のはたらきが孤独であるとか、あるいは怒りや貪りという私たちの好ましくない感情を生み、自分や他者を傷つけているということは、考えるに値することであ

ると思われる。

　孤独感も他者が存在してこそ生まれる感情である。私たちは孤独を感じても、縁起という視点から見れば決して本当は孤立はしていない。社会的孤立は、その事実を受けとめない関係を原因として生じると考えられる。本来つながっている関係を互いに分け隔てていくように心がはたらいてしまうのである。そうすると、一方は誰かが孤立していても自分には関係ないとなってしまうし、当事者は他者との関係をわずらわしく思ったり、自分の勝手だ、これが自分だと思って納得しようとしてしまう。私たちは、むしろ、そもそもつながっている関係を、その事実に立って、よりよくその関係を生きるよう、心を向けていかなければならない。そのためには、私たちの心の傾向を知り、つながりあっているという事実を確かめなくてはならない。これはなかなか自分では難しいのである。自分自身の心や存在の事実に目を向けていく他者の介助が必要である。教育の現場であれば、それはまず教員やスクールカウンセラーがその介助者となるであろう。そして教員自身、子どもや教職員も含め、本来つながりあっていることを折に触れ、思い出しつつ、その関係をより良く生きることに目を向けていく必要がある。そのより良く生きることが、教員自身の生きる意味となることであろうし、あなたにであう子どもたちにはより良き人生の先達になることだと考える。

　以上、第3章は、現代における孤独・孤立という問題について、仏教の観点から、本来つながりあっている事実に目を向けるという内容のものであった。

注
─────────────

1 現在国が進める孤独・孤立対策は、年齢・属性に関わらずすべての国民を対象として勧められているが、次のように指摘されている（以

24

下、下線は筆者によるもの）

　孤独・孤立は、当事者 個人の問題ではなく、社会環境の変化により当事者が孤独・孤立を感じざるを得ない状況に至ったものである。孤独・孤立は当事者の自助努力に委ねられるべき問題ではなく、現に当事者が悩みを家族や知人に相談できない場合があることも踏まえると、孤独・孤立は社会全体で対応しなければならない問題である。

（内閣官房・孤独・孤立対策の重点計画、令和 3 年 12 月 28 日孤独・孤立対策推進会議決定。令和 4 年度版も同様）

「孤独・孤立対策推進法」（令和 5 年 5 月 31 日成立　令和 5 年 6 月 7 日公布）ではこの孤独・孤立を「社会生活において孤独を感ずることにより、又は社会から孤立していることにより心身に有害な影響を受けている状態」と規定している。「心身に有害な影響」は人によって異なるが、現代社会は誰もが孤立・孤独の状態になりうる問題を抱えているということである。

[2] 孤独感の高い人は、孤独の原因を内的─安定要因に帰属させることによって対自的な感情反応を引き起こし、その結果、対他的な行動が減少し、さらに、孤独に陥るという機制が用いていると推測され得る。そこで、孤独感の高い人が孤独を解消するためには、何よりもまず、孤独の原因帰属を変化させる、すなわち孤独の原因を外的要因に帰属させることが第一であると思われる。広沢俊宗「孤独の原因、感情反応、および対処行動に関する研究（Ⅱ）」『関西学院大学社会学部紀要』第 53 号、1986 年、135 頁

[3] 依他起性とは、唯識（ゆいしき）の三性（さんしょう）（遍計所執性・依他起性・円成実性）の一つ。他に依って起こるということから、他の因縁の和合によって生起（しょうき）する法（諸々の事物）のこと。故に実在でもなく、無でもない。仮有（けう。仮の存在）の法。（増谷文雄、金岡秀友『仏教日常辞典』太陽出版、1994 年、28 頁）

第4章 教育相談に必要な
カウンセリング論

目黒達哉

はじめに

　学校現場における「教育相談」の対象領域は、いじめ、不登校、中途退学、発達障害、児童虐待、学級崩壊、家庭の機能の低下、自殺、そして保護者対応等幅広くなっている。

　そんな中で、教師はカウンセリング理論の基礎を学び、各学校に配置されているスクールカウンセラー、外部の相談機関、家庭、そして地域の人々と協働・連携を図り対象となる児童生徒や保護者の対応に追われている。本来、教師はその専門とする教科指導を中心に役割を果たすのであるが、今日はそれ以外の生徒指導や教育相談に時間をとられているように見受けられる。そこで本章では、教育相談に必要なカウンセリング論について確認したい。

1. 教育相談とは

　教育関係者であれば、教育相談という言葉はよく耳にするであろう。まず、ここでは、教育相談とは何かを明らかにしたいと思う。

　中学校学習指導要領解説（特別活動編）（文部科学省,2008）では、教育相談を「一人一人の生徒の教育上の問題について、本人またはその親などに、その望ましい在り方を助言することである」と述べている。また、「1対1の相談活動に限定することなく、すべての教師が生徒に接するあらゆる機会をとらえて、あらゆる教育活動の実践の中に生かし、教育相談的な配慮をすることが大切である。また、生徒との相談だけでは不十分な場合が多いので『生徒の家庭との連絡を密に』することも必要である」としている。このことについて、

藤田（2017）は「教育相談は、教師による子どもの個別的な援助を基本にしながらも、教師と子どものあらゆる場面で応用されるものととらえることができる。」と述べている。

　したがって、教育相談はスクールカウンセラーが相談室で実施する児童生徒、保護者のカウンセリングに留まることなく、授業、放課、行事などあらゆる場面の人間関係において行われるものととらえることができる。

　しかし、いずれの場合にも、教師は教育相談を実施するうえで、基本的なカウンセリングの理論は必要と考えられるので、次に述べることにする。

２．教育相談に必要なカウンセリング論
　日本で「カウンセリング」というと、通常、ロジャーズ（Rogers, C. R. 1902-1987）の影響を受けているといっても過言ではないであろう。ロジャーズは、当初、自分の面接のあり方を「非指示的療法」と提唱した。次にロジャーズは、「クライエント中心療法」という名称に変更した。ロジャーズは、カウンセリングのあり方をカウンセラー主導ではなく、クライエントを中心に据え、あくまでも主体はクライエントであると考えた。1950年代以降、ロジャーズのクライエント中心療法は、日本におけるカウンセリングの発展に大きな影響を与えたのである。そして、最後にロジャーズは、保健医療、福祉、教育などさまざまな領域にも援助の領域を拡げたので、パーソンセンタード・アプローチと名称を変更した（ロジャーズ,1961；河﨑,2016）。

３．カウンセリングの目的
　カウンセリングはどのような目的で活用されるのかを考えてみたい。筆者は、大別して、

次のような４つの場合があると考えている。

（１）問題解決の援助	（２）自己形成の援助
（３）物の見方・考え方の変容の援助	（４）自己理解の援助

では、この４つの項目についてそれぞれ解説を加えることにする。

（１）問題解決のための援助

　「カウンセリング」という用語を聞いた際に、誰しもが最もイメージしやすい項目ではないかと思われる。「カウンセリング」と聞くと、多くの人は「何か悩みがある」「心の問題を抱えている」「人間関係に悩んでいる」などをもつ人のために適用されると思うであろう。通常、カウンセリングはこれらの問題を解決するために用いられるのである。

（２）自己成長のための援助

　「カウンセリング」は、何も問題をもつ児童生徒のためだけに用いられるものではなく、すべての児童生徒のためにも用いられる。すべての児童生徒が自己成長を遂げていく過程においても有効な手段となる。もちろん、問題をもつ児童生徒がカウンセリングを通じて、自分自身の問題と向き合い、その中で自己成長を遂げていくこともあり得る。

（３）物の見方・考え方の変容のための援助

　人間は、一つの見方・考え方に執着していると、周囲が見えなくなり息詰まってしまうことがある。

　例えば、不登校の子どもをもつ母親がカウンセリングを受けにきたとする。初期の頃、母親は自分の子どもが学校に行かないことに

否定的であったり、子どもの将来を悲観したりする。しかし、カウンセリングが進む中で、母親に気づきが生じ、不登校も子どもの生き方の表現方法かもしれないと感じた時に、母親も少しは楽になる。母親の気づきが相乗効果となって、子どもにも良い影響を与え、子どもも気持ちが楽になるのだ。

（４）自己理解の援助＜自分自身を見る・知る＞
　人間は人生の中で、時より自分だけが不幸に感じる。特に思春期の生徒は「自分は価値にない人間だ」「なぜ私はこの世に生まれてきたのであろう」「自分は本当に何がしたいのだろう」と自分自身がわからなくなることもある。筆者はカウンセラーの仕事をしてきたが、年に１～２件あるかないかだが、このような生徒さんに出会った。
　また、相談に来た生徒さんの中には「特にこれといって悩みはないのですが、自分自身が漠然としていて、これでよいのだろうか。」と。このような場合でも、生徒さんにその気があれば、カウンセリングは十分適用できる。その生徒さんにとっては、立ち止まって、自分自身を見つめる機会となるのだ。
　以上のように４つの項目について解説を加えてきたが、よく見てみると、教育現場のカウンセリングの目的は、児童生徒にとって一つだけの目的ではなく、それぞれの項目が相互に関連し合っているといえる。

４．カウンセリングにおけるカウンセラーとクライエントの関係性
　ここではカウンセリングの基本的な性格として、カウンセリング場面におけるカウンセラーとクライエントの関係性を考えてみたい。筆者は次の４つの関係性を考えている。

（1）対面的関係・・・・・力動的相互作用
（2）援助的関係・・・・・主体はクライエントであること
（3）許容的関係
（4）言語的関係

では、これらの4項目について解説を加えることにする。

（1）対面的関係・・・・・力動的相互作用

　カウンセリングは、カウンセラーとクライエントが向き合った態勢で行われる。カウンセリング場面において、クライエントはカウンセラーの影響を受けると考えられるが、実はカウンセラーもクライエントの影響を受け、クライエントから学ぶこともある。つまり、カウンセラーとクライエントは相互に影響を及ぼし合って、お互いに成長していく要素があるといえる。これを力動的相互作用という。

（2）援助的関係・・・・・主体はクライエントであること

　カウンセリング場面において、クライエントは自分自身の悩みを打ち明け、相談するのであるが、答えを出すのはあくまでもクライエントであって、カウンセラーではない。主体はカウンセラーではなくクライエント自身なのである。これをカウンセリング・マインドという。

　カウンセリング場面におけるカウンセリング・マインドについて、もう少し具体的に述べると以下の3点になると筆者は考えている。

① クライエントを尊重すること、②クライエントに考えさせること
　③クライエントに決定させること

　上述の①～③のクライエントの部分を、児童生徒、保護者に置き換えてみると、教育現場でのカウンセリング・マインドといえよう。

（3）許容的関係

　クライエントは、カウンセラーにどんなことを話してもよいのである。自由である。時にクライエントは誰にも言えないような秘密を話すこともある。それもカウンセラーは受容する。実は秘密がクライエントの心の問題の背景にあることもある。つまり、クライエントはカウンセラーにどんなことを話しても許されるのである。しかし、教育現場で児童生徒、保護者が打ち明けた悩みが、とてもひとりで抱えきれないような場合には、校長、教頭など責任者に相談する必要がある。

　とはいうものの、約束した時間を守ることは重要なルールある。また、極端な例であるがカウンセラーに危害を加えたり、カウンセリング・ルームのものを壊したりといったことは許されない。

（4）言語的関係

　カウンセリングは、カウンセラーとクライエントとの間で言語を介して行われる。カウンセリングは言語的コミュニケーションが中心である。しかし、その周辺にあるクライエントの表情、態度、身振り、手振りといった非言語的コミュニケーションも大切にする。

　幼児から小学校低学年においては、言語的コミュニケーションといっても困難な場合が多く、そのような場合には遊戯療法が有効である。遊戯療法とは、遊戯療法室で行われる。室内に備えられている玩具等を用いての遊びを通じて、本児の内面に抑圧されている感情を表出させる技法である。

おわりに

　以上、本章では、学校における教育相談の定義を確認した上で、教育相談に必要なカウンセリング論について、カウンセリングの目的や、カウンセラーとクライエントの関係性に焦点を当てて論じて

きた。次章では、仏教思想の中でも特に四苦八苦と縁という概念に焦点を当て、教育相談との関わりを検討する。

＜引用・参考文献＞

C. R. Rogers, On Personal power （1977）．（邦訳　畠瀬稔・畠瀬直子（1980）人間の潜在力－個人尊重のアプローチ　創元社）

C. R. Rogers（1961）．Client-centered therapy. Boston: Houghton Mifflin.

C. R. Rogers（1961）．On Becoming person, Boston: Houghton Mifflin．（邦訳　村山正治編訳（1967）.人間論〔ロジャーズ全集12巻〕　岩崎学術出版社.）

H.カーションバウム　V.L.（編著）（伊東博・村山正治監訳）　ロジャーズ全集上下　誠信書房　2001

河﨑俊博（2016）.「人間性心理学―自分らしく生きる」『絶対に役立つ臨床心理学―カウンセラーを目指さないあなたにも』ミネルヴァ書房. pp.163-176.

藤田哲也監修 他（2017）『絶対に役立つ教育相談』ミネルヴァ書房.

目黒達哉・石牧良浩 編（2022）『障害者をもつ人の心理と支援―育ち・成長・かかわりー』学術図書出版社

諸富祥彦（2014）. 新しいカウンセリングの技法――カウンセリングのプロセスと具体的な進め方　誠信書房

文部科学省（2008）. 中学校学習指導要領解説（特別活動編）

佐治守夫・飯長喜一郎（編著）（1983）．ロジャーズ　クライエント中心療法　―カウンセリングの核心を学ぶ―　有斐閣新書.

佐治守夫　他（編著）（1996）．カウンセリングを学ぶ　誠信書房.

第5章　教育相談×仏教的四苦八苦・縁

目黒達哉

はじめに

　第4章「教育相談に必要なカウンセリング論」に続き、本章では、「教育相談×仏教的四苦八苦・縁」をテーマとして、仏教思想における四苦八苦の概念や縁の概念について、教育相談に示唆するところを考えたい。

　教師は早期解決が難しい困難事例に対応しなくてはならないこともあり、既存の理論や実践に裏打ちされマニュアル化された対応方法では暗礁に乗り上げ、教師自身がバーンアウトしてしまうことも少なくない。もはや心の寄りどころとなる考え方や思想等の必要性に迫れると考える。その思想の一つが仏教思想であると筆者は考えており、特にここでは「仏教的四苦八苦・縁」を取り上げ教育相談の在り方を再考する。

1．カウンセリングの深化

　カウンセラーは絶えずクライエントのもつ心の問題がどこから来ているのか、どこに原因があるのか、その背景を意識することが必要である。そのためには、まずカウンセラーにとって、傾聴の態度が最も重要であると筆者は考える。

　カウンセラーは、ただひたすらクライエントの話に耳を傾け聴くことである。このようなカウンセラーの態度が繰り返されていくと、クライエントは自分をよく理解してくれる人だとカウンセラーのことを認知し、クライエントはカウンセラーとの関係性において安堵感や安心感を体験する。すると、そこには信頼関係が生じるのである。カウンセラーとクライエントの間に信頼関係が生まれると、クライ

エントはカウンセラーに本当のことを話すようになる。クライエントによっては、本当のことを話す際に、感情にふれ、涙を流す人もいる。筆者はこれを「情緒」にふれるといっている。些か文学的な表現になるが「琴線」にふれるともいう。これは比較的穏やかな感情で、感情の深化（カタルシス）を期待できる。つまり、クライエントは非常に素直な自分を体験する。すると、これまでのクライエント自身を振り返り、内省や洞察（感情の経過）を促すことができる。そこにはクライエント自身の気づきが生じ、前向きな、前進的なエネルギーへと昇華していくのである。筆者は、カウンセリングの醍醐味はここにあると感じている。

2．カウンセラーの人間観と態度

　カウンセラーは，人間観と態度をもってクライエントの悩みを傾聴することが大切である。人間観と態度は，カウンセラー自身が多くのクライエントと向き合う中で身につけていきものであろうが、ここではカウンセリングの大家であるロジャーズの人間観について考えてみることにする。ロジャーズは人間観について次のように述べている。

　「人間は誰でも向上し，発展し，適応へとコントロールしていく素晴らしい資質をもっている。」（ロジャーズ,1961）
　「また，人間は感情に支配されていて，想像を絶するような行動をする時がある。」（ロジャーズ,1961）

　このように，ロジャーズは、人間の光と影の両面に焦点を当てていることが読み取れる。
　人間は成長・発展していく存在である一方で法律を犯す、自殺をする、そして戦争を起こすといったどうしようもない部分もあるのだ。
34

また、ロジャーズは，人間を善と悪を併せ持つ全体として捉えよう
としていることが窺われる。すなわち，カウンセラーは，人間をトー
タルに見通す力を失ってはならないのである。また，カウンセラーは
クライエントを善悪の判断から見てはならないのであって，クライ
エントの背景を中立な視点で見る必要があろう。

　さらに，ロジャーズは，カウンセラーの必要かつ十分条件について
述べている。これはカウンセラーの態度要件、カウンセラーの基本的
態度ともいわれていて、次の3要件があげられる。

```
（1）自己一致, （2）無条件の肯定的配慮, （3）共感的理解
```

　これらの3つの態度要件について、解説を加えると次のようにな
る。

（1）自己一致
　簡単に述べると，カウンセラーは自分自身に素直である、ありのま
までいるということである。クライエントはカウンセラーが自らあ
るがままでいることを感じると、クライエントもあるがままの自分
でいる。

（2）無条件の肯定的配慮
　カウンセラーは無条件にクライエントを受け容れる，受容的態度
でいるということである。クライエントがどういう状態にあろうと、
カウンセラーが肯定的で、受容的な態度でいれば、クライエントに変
化が生じやすいのである。

（3）共感的理解
　これは、カウンセラーがクライエントの経験している感情を正確

に感じ取り理解し、この理解したことをクライエントに伝えるということである。

　カウンセラーとクライエントは違う人間である。詳細まで共感することは困難であろう。しかし、カウンセラーはクライエントとは違う人間だとわかったうえで，それでもクライエントのことを分かりたいという気持ちが大切であり、そこから共感が生じるのである。

<心の鏡>

　ところで，私たちは自分の姿を見ることはできない。私たちは自分の姿を鏡に映し出し、それを見ることによって自分の姿を確認する。私たちは必ずといってよいほど,外出する際に鏡に自分の姿を映し出し，自分を確認する。

　しかし，私たちは自分の気持ちを確認することができない。私たちは自分自身がどういう気持ちでいるのか、何を感じているのか分からなくなることがある。カウンセリングの場面では,カウンセラーが「いかにクライエントの心の鏡になり得るか」ということが課題となる。すなわち，カウンセラーはクライエントの表明した気持ちを受容し、伝え返しをすることが大切である。それによって、クライエントがどういう気持ちでいるのかが分かり、
クライエントの内面で気づきが生じることもある。

　例えば，クライエントのＡさんは不登校の子どもをもつ母親である。Ａさんは,カウンセラーに「子どもが学校に行かなくてつらいです。子どもの将来を思うとこの先どうなってしまうか心配です。」という気持ちを表明したとする。次にカウンセラーはＡさんの気持ちを受容し、「Ａさん、子どもさんが学校に行かなくてつらいですね。」と伝え返しをした。すると、Ａさんは，カウンセラーの伝え返しをした「つらいですね。」という言葉を聞いた途端に涙が込み上げた。Ａさんはカウンセラーの反射した言葉を聴いて、自分自身の「つらい」

という気持ちをしっかり体験できたのであろう。それによって, 母親は, 少し気持ちが楽になるのだ。

3. 学校現場における教育相談

　学校現場では、いじめ、不登校、発達障害、虐待、社会的ひきこもり、自殺、学級崩壊等、教師は教科指導以外に取り組まなくてはならない課題がある。

　例えば、不登校生徒の対応に焦点を当ててみよう。担任教師は家庭に電話をする、家庭訪問をする等を試みるが、本人が電話に出ない、本人に会えない等の壁にぶつかる。保護者とは会って話はできるが、当の本人とコミュニケーションが図れない。このような状況が続くと、担任教師は焦り、また上司に指導力のなさを指摘されるのではないかと評価が気になる。徐々に追い詰められていく。不登校対応のマニュアルはあるがマニュアル通りにいかないところが個々の特性である。

　このような時には、担任教師は、上司、同期、あるいはスクールカウンセラーといって心の専門家に相談することが賢明であろう。しかし、それだけでは物足りなさを感じる時もあろう。その際には、自分自身の精神的な支えとなる思考や思想があってもいいのではないかと考える。筆者は、仏教思想もその一つであると思う。

　次に「仏教的四苦八苦」、「縁」という仏教哲学用語にふれ、現在の混沌とした学校現場を教師が受容性を高め（大きな器となる）、それを越えていけるような精神性について考察する。

4. 「四苦八苦」の人生を傾聴する

<基本的な四苦>

1）　生（しょう）⇒　生まれたこと、生きることは苦を伴う。

2）　老（ろう）　⇒　老いること、身体が衰弱していくこと
　　　　　　　　　　への苦しみ。

3）　病（びょう）⇒　一生に一度は誰しもが病む苦しみ。

4）　死（し）　　⇒　終にはすべての人が死を迎える苦しみ。

<附随的な四苦>

5）　怨憎会苦　（おんぞうえく）⇒憎いものと会う苦、気の合わ
　　　　　　　　　　　　　　　　ないものと共にいる苦。

6）　愛別離苦　（あいべつりく）⇒愛するものと別れる苦。

7）　求不得苦　（ぐふとっく）⇒不老不死を求めても得られな
　　　　　　　　　　　　　　　　い苦、欲しいものが得られな
　　　　　　　　　　　　　　　　い苦

　　　　　　　　※「欲しいもの」とは、物心両面を指す。
　　　　　　　　例）お金がたくさん欲しいと思っても
　　　　　　　　　　簡単に得られない、自分に自信を
　　　　　　　　　　持ちたいと思っても簡単に得られ
　　　　　　　　　　ない苦

8）五取蘊苦　（ごしゅうんく）⇒五つの感覚（要素）により産み
　　　　　　　　　　　　　　　　だされる苦

　　　　　　※五感：視覚、聴覚、嗅覚、味覚、触覚
　　　　　　例）耳で聴きたくないことを聴いてしまう苦

※苦労（苦しみ）を四つあるいは八つに分類したものの併称で、
原初教典以来、説かれてきた。（岩波書店　仏教辞典より）

上記「四苦八苦」という仏教哲学用語は、筆者がクライエントと出会い、クライエントの話に耳を傾けていると、よく思い出すのである。筆者は臨床心理学が専門で、仏教に関しては門外漢であるがここに提示した。筆者の解釈を加味してある。

　保護者の中には、子どもの不登校をはじめとする情緒的問題や発達障害の問題で戸惑い、悩み、葛藤する。あるいは一方で、自分の子どもの問題が認められなくて、学校に対してクレームをつけている保護者がいる。筆者は、いずれの保護者であれ、四苦八苦していると感じるのである。教師は、大きな器になって（受容性）、保護者が子どもを通じて生じている四苦八苦の人生に耳を傾けることが大切ではないか。そうすることによって、保護者の内面に気づきが生じ、解決の糸口が見えてくるのではないかと考える。また、一方で、教師もこうした体験を積むことで受容性が高まっていくと思われる。教師は、保護者の四苦八苦の人生を傾聴することで、教師としての受容性が高められると考える。

　なお、筆者は、傾聴することを強要しているのではない。教師は日常業務が多忙で、児童生徒、保護者の話を落ち着いて、集中して聴けないときもあるであろう。そのような時には自分を責めることなく、教師自身も四苦八苦しているのだと客観的に見ることが重要である。教師にとってもこの仏教的四苦八苦という言葉が心の支えとなればよいだろうし、四苦八苦を信頼できる人に聴いてもらうことも忘れてならない。

　このような教師自身から心のケアを意識することによって、燃え尽き症候群を未然に防ぐことができるであろう。

5．児童生徒・保護者と教師の「縁」
　哲学的思考に二元論という考え方がある。人はこの世に誕生し、死に至るまでの間にさまざまな出来事が起こる。一般的にはその出来

事は偶然に起こったとみるであろう。しかし、一方で必然という見方も成り立つであろう。誕生してから死ぬまでに起こるすべてのことは必然性を帯びている。すなわち、必要があって起こっているということである。

　教師の前に、指導が難しい児童生徒が現れたとしよう。また、いつも教師にクレームをつけて来る保護者が教師の前に現れたとしよう。教師の前に偶然現れたという見方もできるが、この出会いは必然的であるとしたらどうであろう。必要があって教師の前にその児童生徒、保護者が現れたとしたらどうであろうか。偶然という見方を採ると、教師はその児童生徒、保護者の被害者になることも予想される。しかし、必然という見方をしたならば、そこで教師の人生は変わってくると考えられる。教師は自分自身の人生に必要があって、この児童生徒、保護者は今私の前にいる。つまり、筆者はこの「必然性」は仏教思想の「縁」に繋がっていると考える。「縁」あって、今ここにいると考えるならば、少し余裕をもってその児童生徒、保護者にかかわることを可能にし、教師自身の受容性を高められると考える。このことに関連して、大下（2014）は医療福祉活動の現場の視点から次のように述べている。『・・・・・医療福祉活動に携わる人々の関係性は、深い「ご縁」によるものであり、無縁はありえない・・・・・医療者と患者家族との出会いは、深い「ご縁」以外の何物でもない・・・・・』医療・福祉・教育等、それぞれの現場は違えど、援助される側と援助する側はすべて縁によって成り立っていると考えられる。

＜引用・参考文献＞

C. R. Rogers, On Personal power （1977）.（邦訳　畠瀬稔・畠瀬直子（1980）人間の潜在力－個人尊重のアプローチ　創元社）

C. R. Rogers（1961）. Client-centered therapy. Boston: Houghton Mifflin.

C. R. Rogers (1961). On Becoming person, Boston: Houghton Mifflin.
　（邦訳　村山正治編訳 (1967). 人間論〔ロジャーズ全集 12 巻〕
　岩崎学術出版社.）

H.カーションバウム　V.L.（編著）（伊東博・村山正治監訳）　ロジ
　ャーズ全集上下　誠信書房　2001

片山和男　編（2017）『ストレス社会とメンタルヘルス』樹村房.

藤田哲也監修 他（2017）『絶対に役立つ教育相談』ミネルヴァ書房.

藤田哲也監修・串崎真志編著（2017）『絶対に役立つ臨床心理学』ミ
　ネルヴァ書房.

目黒達哉（2018）「誌上講座　カウンセリング演習Ⅰ」『ほいくしん
　り』第 11 号　公益社団法人大谷保育協会編　エイデル研究所
　pp.87 - 97.

目黒達哉（2020）「園での人間関係（同僚性）に向けた取り組み」か
　ら学んだこと、感じたこと、考えたこと『ほいくしんり』第 13
　号　公益社団法人大谷保育協会編　エイデル研究所　pp.43 -
　48.

中村元・福永光司・田村芳朗・今野達（編）（1989）岩波仏教辞典　岩
　波書店.

大下大圓(2014). 実践的スピチュアルケアーナースの生き方を変え
　る"自利他利"のこころ　日本看護協会出版会.

佐治守夫・飯長喜一郎（編著）（1983）.　ロジャーズ　クライエント
　中心療法　ーカウンセリングの核心を学ぶー　有斐閣新書.

第6章　不登校と教育相談

—仏教思想の人間観の示唆

岩瀬真寿美

　筆者は大学で教職の授業を主に担当している。本章では、その授業の一環で実施した「不登校と教育相談」に関するロールプレイの事例を挙げ、それに対する受講生からの反応を確認した上で、教育相談における不登校の事例に対して仏教思想が示唆することを検討してみたい。

1．不登校の事例

　以下の二事例は、筆者が担当するある教職の授業で、受講生がグループワークの中で様々な不登校の事例を調べた上で、寸劇の形で演じた内容の中のいくつかである。（1）の事例は、高等学校・男子生徒の事例で、クラス集団への不適応に起因するもの、（2）の事例は、同じく高等学校であるが、女子生徒の事例で、部活動内での人間関係のもつれに起因するものである。

（1）クラス集団への不適応に起因する不登校の事例（高等学校・男子生徒）

①Aさんは高等学校第1学年男子である。Aさんは、前年度、高校入学後、不登校により原級留置となった。

②本年度初めに担任や学年団による登校刺激で再び登校意欲を取り戻し、登校できるようになった。

③彼は、問題行動も起こしており、生活面に課題が見られていたが、Aさんの家庭環境として、母子家庭であり、母親は「生活面における本人の行動が招いた結果は自己責任である」との考えから、当該生徒への生活指導に積極的でなく、学校と家庭の連携は必ずしも十分とは言えない。

④さらにAさんは、クラス内で生徒よりも年齢が上であることから、クラス内の人間関係をどのように深めればよいか困惑し、次第に疎外感を抱くようになった。

⑤5月には、欠席が3日続いたため、担任が家庭訪問を行い、欠席の理由がクラス集団への不適応であることを把握した。

⑥しかし、6月上旬、クラス集団への不適応等から再び不登校状態となった。そのため、当該生徒の不登校解消に向け、HR担任と学年団が中心となって、外部関係者との連携支援体制を確立して対応を進めている。

　さて、あなたはクラス担任として、どのような対応をとりますか？

（2）部活動内での人間関係のもつれに起因する不登校の事例（高等学校・女子生徒）

①Bさんはある高校に通う2年生の女子生徒である。元気で活発な明るい子だと周囲からは思われている。

②ある日、Bさんはテニスの部活動中に部長のCさんと揉め、口

喧嘩に発展してしまった。部長のCさん（女子生徒）の態度がやる気がないように思われ、部長としての責任を追及したことがきっかけであった。

③部長のCさんは、「自分のやり方に不満があるのなら、自分は部長を降りるから、Bさんが部長をやれば」と言って、怒ってその場を立ち去った。Bさんのモヤモヤは消えない。もともと繊細で優しいBさんは、言いすぎてしまったと後悔するが、謝罪の言葉がなかなか出てこなかった。

④時がたつにつれて、Bさんはあの時の行動を振り返るたびに後悔の念にさいなまれ、Cさんを見つけては、謝罪しようと思うが、CさんはBさんを見るとすぐにその場を立ち去ってしまうという繰り返しである。

⑤Bさんはその後、部員が自分の行動を非難しているかのような感覚に陥っていく。やがてBさんは部活に顔を出す頻度が落ちていき、教室にさえも足を運ぶことが億劫になった。その後、数日連続で休むことが増えていった。

　心配した担任（あなた）は両親の了承のもとBさん宅を訪問し、Bさんに不登校の理由を尋ねます。どのように尋ねますか？

2.　不登校対応における留意点—受講生の反応から

　前節の2事例の寸劇を踏まえて、受講生同士で、不登校対応における留意点について話し合った。その中で出てきたいくつかの意見を以下に紹介する。

① 不登校になるということは、何らかの原因があるので、まずはそ

の原因をスクールカウンセラーや、保護者、担任と不登校本人で話しながら原因を突き止め、その原因が分かった後に対応を考えるといったように、ひとつひとつ慎重に対応する必要があり、生徒のケアを最優先することが大切だと考えました。生徒を無理に学校に来させることや、不登校の生徒の意見を否定しないことや、目標や達成ができるための手段を一緒になって考えることで生徒は達成したいと思い、不登校の改善になると思いました。ロールプレイをしてみて、不登校の生徒との向き合い方は、沢山あり、カウンセラーや、生徒など、色んな方々に協力してもらうことも大切だと考えることが出来ました。

② 教師が不登校の生徒に向き合うために必要なことは、生徒に寄り添うことだと考える。生徒本人から話を聞き、原因や今後どうしていきたいかなどをしっかりと見つけ行動に移すことが大切だと思う。また、原因を見つけどう解決していくか、先生方やスクールカウンセラーの方、保護者の方と相談しながら決める時に、必ず本人の意見を尊重することが重要である。すぐに毎日学校に来ることは難しいため、まずは３日間、次は１週間と小さな目標を立てることで、「頑張れた」と前向きな感情がうまれ、「もう少し頑張ってみよう」と思えると思う。また、言葉かけをする時に、「頑張って」や「みんなも頑張ってるよ」などと生徒の負担になるような言葉でなく、「自分のペースで大丈夫」や「来れる時に来てね」と生徒の意見や考えを肯定するように心がける必要があると思う。したがって、生徒の言葉に寄り添い、尊重し、肯定することが大切だと考える。

③ 教師が不登校生徒と向き合う際には、原因によって対応は異なっ

てきますが、必要であれば保護者や友人の他にも、養護教諭やスクールカウンセラーなどにもサポートをしてもらうことで、教師1人だけの偏った考えにならない工夫が出来そうだと考えました。不登校生徒のクラス復帰には、段階が必要であることも感じました。例えば、すぐにクラスへ戻って来いと伝えるのではなく、まずは学校で教師と話をする、保健室で自習する、午後だけ来るなど、少しずつ学校という空間に慣れさせていくことも重要です。

　以上、受講生による三つの意見を紹介したが（下線は筆者によるもの）、改訂版「生徒指導提要」にも、不登校に関する章が一章設けられており、そこには不登校に対する指導観の変遷について記載があるが、現代日本の大学生においても、不登校に対して投稿刺激を与えることが大事という指導観は古いものと認識されていることが、寸劇とそれをベースとした受講生の意見からうかがえた。なお、生徒指導提要では、以下のように共感と受容という観点の重要性が述べられている。

　「不登校児童生徒に問題がある」という決めつけを払拭し、教職員・保護者・地域の人々等が不登校児童生徒に寄り添い共感的理解と受容の姿勢を持つことが、当該児童生徒の自己肯定感を高めるためにも重要であり、不登校児童生徒にとっても、支援する周りの大人との信頼関係を構築していく過程が社会性や人間性の伸長につながり、結果として、社会的自立につながる」（生徒指導提要、223頁。下線は筆者によるもの）

また、不登校児童生徒に対する支援については、単に学校復帰のみを目的とするのではなく、多様な進路選択に対する支援の観点も必要である。同じく生徒指導提要から引用すると、以下のように、様々な選択肢を考慮する可能性が述べられている。

　例えば、中学3年生の場合、本人が希望すれば、在籍中学校への復帰もありますし、地域によっては、不登校特例校に転学することも可能です。高等学校についても、全日制高校に加え、定時制高校や通信制高校も増えています。特に後者（定時制・通信制高校）では、複数の登校スタイル（朝昼夜の三部制や制服の有無など）や多様な課程・コース（進学・国際・理美容・声優ほか）を選択できるという学校も多く、高校からの再スタートを模索する道も多様になってきています。さらには、就職という進路も残されています。また、高校に行けなくても、高等学校卒業程度認定試験を受けて大学に行くという道もあります。」（生徒指導提要、225頁）

　併せて、教師や、当該児童生徒をとりまく大人の人間観も、不登校の児童生徒には大きく影響するといえよう。たとえば、本ハンドブックの第3章では、孤独・孤立ということについて、第5章では仏教的四苦八苦や縁という観点が検討されたが、以下の節では、仏教思想が示唆する人間像として、（1）無我、（2）仏性性、（3）ポストモダンの人間像、という三つの観点から考察してみたい。

3．不登校に対して仏教思想が示唆する人間像

（1）無我という観点

　自我と無我ということについて、マインドフルネス認知行動療法
を研究する越川房子の「「無我」の心理学的構造と機能」を基に整理
して考えたい[1]。西洋の心理学や教育学では、アイデンティティの確
立ということが大きなテーマとなる。それは、西洋では「自己を理解
するにあたって、複数の自己の側面を統合する主体を立てた」ことに
由来する。西洋心理学を主な方法論とする教育相談においても、アイ
デンティティの確立、すなわち、自分がどのような自己であるのか、
を問うことが重要になるが、自己を問うということについて、必ずし
もアイデンティティの統合という視点だけでなく、別の観点、方法が
あることを東洋の思想は教えてくれる。

　たとえば、東洋の「無我」の概念は、「統合する主体を放棄した」
ものであり、その背後には、「さまざまな苦悩の生成因である自己を
実体無きものとして捉え、そこから離れることを求めてきた」歴史が
ある。まぎれもなく、仏教は、人生を四苦八苦の視点から捉えており、
複数の自己の側面を統合することを目的としない。むしろ、自己には
実体がないという捉え方をする。その捉え方は、苦悩を解消する手段
ともいえる。なぜなら、人は「私」ということに囚われ、苦しみ、悩
むからである。「私が」さみしい、「私が」仲間外れにされた、「私が」
邪険にされた、など、「私」というものを軸として、「私」を主役とし
て世界を見ているところから、「私」の苦悩が始まっているといって
も過言ではない。

　越川によれば、「無我」の心理学構造は、「無常観の獲得」であり[2]、
「他人との比較からの解放」であり、「今ここでの受容」や「自己理

48

解」といった要素があるという。いつ何時も変わらない一定の「私」があるのではない。私の心理は常に変化する。そして、「私」や「他人」という一定のものがあるのではないから、私と他者は比較しようにも比較できない。あるいは、比較することに何の意味もない。また、「私」を大きく見せようとしなくてもよいし、このままの「私」をそのまま受容できる。以上のような在り方が「無我」という観点が教えてくれることである。

　不登校の児童・生徒に対して、「なぜこの子だけ学校に行けないのだろうか」と親や教師が嘆いたり知らぬうちに責めたりするのではなく、また、自分自身が不登校になったときにも、他の児童・生徒と自分とを比較して自分ばかりを責めたりする必要はそもそもないということを、この「無我」という観点は教えてくれるだろう。誤解してはならないのは、「無我」は虚無ではないということである。このことを、次の「仏性性」の概念から理解することができるであろう。

（2）仏性性という観点

　仏性はすなわち「人間が生まれながらにして持っている仏になる可能性のこと」であり[3]、「仏」とはすなわち「覚者（かくしゃ）。」「教理の上では修行の目標」を意味する[4]。ここでは、世界的仏教哲学者として知られる鈴木大拙（だいせつ）と、教育学者、仏教学者の竹内明（1942-　）の哲学的考察に依りながら[5]、仏性性という観点を現代の人間観にどう位置付けるかについて考えてみたい。

　一般に見ても、学校社会に馴染む子どももいれば、学校に行きたく

49

ない、行けない、行こうとすると体調が悪くなるなど、馴染みにくい子どももいる。そのような意味で、子どもだけでなく、大人も含め、人は多様であるということに疑問を挟む余地はない。人間のそれぞれの違い・多様性を見ていけば、きりがない。才能、学力、協調性、運動能力など、何から何まで千差万別である。仏教では、このような違いをどのような言葉で表すのか。ここに「差別（しゃべつ）」という仏教的概念がある。これは、「現象世界の個々の事象のように、それぞれのものが独自のすがたをもっていること」であり、「大乗仏教では、平等即（そく）差別とみて、平等と差別を切り離して考えない。」とされる[6]。

「平等即差別」ということについては、一旦ここでは措くとして、「差別」という概念に焦点を当てると、世界の在り方、存在、人の在り方、存在は多様であるということは、もともと仏教の世界観、人間観の中にあるということが分かる。しかし一方で、現代社会では、都合の良いように、この多様性という考え方と平等という考え方を使い分けていると場合がある。「頑張れ」という言葉がその子どもにとって素直に応援として響く場合と、プレッシャーになる場合とがあることはよく知られることである。あの子には上手く響いたが、この子には響かないということがあるように、不登校の児童・生徒にも千差万別の対応が必要となる。必ずしも、同じ対応が全ての児童・生徒に有意義であるとは言えないのである。

「差別」に対して、仏教では「平等」すなわち「一様であること。一切にあまねきこと」として[7]、「仏性性」を挙げる。つまり、相対的な次元において、人は千差万別であるが、絶対的次元においては平等

であり、それが仏性性であるということである。Buddha（仏陀）が歴史上の仏教開祖の釈迦牟尼（しゃかむに）に限らず、誰もがBuddhaになる可能性をもつという仏教の教えの基本は、人格の完成を目指す現代日本の教育基本法の人間観にも示唆を与えることができよう[8]。ただし、「人格の完成」という概念は幅広い意味合いで解釈することが可能なため、文部科学省の提示している解説を以下に参照したい[9]。

　「人格の完成」とは、「個人の価値と尊厳との認識に基づき、人間の具えるあらゆる能力を、できる限り、しかも調和的に発展せしめること」である。これは「教育基本法制定の要旨」（昭和２２年文部省訓令）に由来する。「真、善、美の価値に関する科学的能力、道徳的能力、芸術的能力などの発展完成」を意味し、「人間の諸特性、諸能力をただ自然のままに伸ばすことではなく、<u>普遍的な規準によって、そのあるべき姿にまでもちきたすことでなければならない</u>」。（下線は筆者によるもの）

　ここでいう「普遍的な基準」や「あるべき姿」とは具体的に何であるのかがここではよく読み取れないように、教育に関わる専門家である教師たちにとっても、人格の完成という概念は掴めるようで掴めにくいものと言えるだろう。

　「仏性性」という概念も、掴めるようで掴みにくいという点では「人格の完成」と似ているところがあるが、目指すべき姿が「仏心（ぶ

っしん）」をもつ人であるという点で目標が明瞭である。「仏心」とは「大慈悲の心。また衆生（しゅじょう）の心の中に本来あるとする仏性をもいう」と説明される[10]。「慈悲」とは、「衆生の苦しみを抜き、楽を与える仁愛のこころ。他者へのいつくしみをあらわす慈と、他者の苦しみへの救済の意志をあらわす悲を併記したもの。一般には単に、あわれみ・なさけの意味に用いる」というものであるから[11]、大雑把にいえば、本来的には、誰もに慈悲心がある、これこそが仏性性であると考えてもよいであろう。

　不登校の子どもの親、教師も、どのような子どもにも仏性性、言い換えれば慈悲心があるということを心に留めながら、児童生徒に関わろうとすることで、知らぬ間に、その子どもの仏性性、慈悲心が呼び起こされ、たとえ、結果的に、学校に戻るという選択肢を選ばなかったにしても、それぞれの子どもに応じた、仏性性を活かした生き方につながるという希望があるだろう。そして、親や教師のそのような子どもへの関わり方そのものが、慈悲心によるものといえるのだろう。

　親や教師は、今、学校に行っているか行っていないか、その一点の違い（差別：しゃべつ）に着目するのではなく、広い視野から子どものそれぞれの特徴や違い（特技や才能も含めて）を捉えつつも、すべての子どもの「平等」な仏性性（慈悲心）を信じて関わっていくことが、ひいてはその子どもの救いとなっていくといえるのではないだろうか。

（3）ポストモダンの人間像という観点

　以上の「無我」や「仏性性」を時代的に捉えたものが、次に説明する「ポストモダンの人間像」というものである。それについて考えるにあたり、まずは、不登校児童生徒の支援について生徒指導提要で述べられていることを確認しておきたい。

　　不登校児童生徒への支援においては、学校に登校するという結果のみを目標とするのではなく、児童生徒が自らの進路を主体的に捉え、社会的自立を目指せるように支援を行うことが求められます。このことは、「児童生徒一人一人の個性の発見とよさや可能性の伸長と社会的資質・能力の発達を支えると同時に、<u>自己の幸福追求と社会に受け入れられる自己実現を支える</u>」という生徒指導の目的そのものと重なるものであると言えます。（生徒指導提要、224-225 頁。下線は筆者によるもの。）

　ここに自己実現という言葉が記載されているが、自己実現とはどのようなものをいうのであろうか。自己実現という言葉は、「自分の選択で」「自分が努力し」「自分の能力を発揮」といったイメージを連想させるが、誰もがいつでも自己実現を図れているかというと、必ずしもそうではないことは容易に想像できる。そこで自己実現がうまくいかなかった場合に、他者と比較し、劣等感を抱いたり、自分を情けなく思う気持ちを抱くことになるわけだが、そもそも、自己実現していない自分から、努力して自己実現する自分へと、直線的に人間像を

考えてよいのかどうかという疑問がある。

　ここで参照したい例は、哲学者、仏教学者である久松真一（1889 -
1980）が提起した一つの人間像である[12]。それは、近年のヒューマニ
ズムに馴染む人間像だけでなく、たとえば、自然災害や身近な人の死
など、自分や人間の力ではどうにもならない悲しみに出逢ったときに
陥るニヒリスティック（虚無的）な自己を否定する人間像、そして、
自分の力ではどうにもならないことを悟り、いわゆる神的なものに
委ねる中世的な（セイスティックな）人間像などを、大きく四つに構
造的にまとめたものである。

　筆者が着目したいのは、第四種類目の人間像として、久松がポスト
モダンの人間像として「さとりの人間像」を挙げること、それが、ヒ
ューマニズム的人間像（第一種）やニヒリスティックな人間像（第二
種）やセイスティックな人間像（第三種）を転換する形で現れるとこ
ろにある。我々が一般的に理解する自己実現とは、必ずしも宗教心を
必要とするものではなく、むしろ「自分の力で」「自分の努力で」、自
己肯定感を持つ自己へと変貌を遂げる、いかにも直線的なものであ
る。

　一方で、久松による人間像を参照するとき、時にヒューマニスティ
ック（第一種）に、時にニヒリスティック（第二種）に、時にセイス
ティック（第三種）になり得る人間の姿が、また、それらを転じて、
慈悲心を中核に持つ人間像（第四種）になり得る可能性が描かれてい
るところに特徴が表れている。

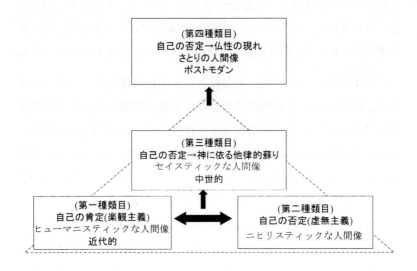

図6−1. 久松による人間像の捉え方（4分類）

（久松による人間像の捉え方について、筆者が図示したもの）

　つまり、自己実現していない自己から自己実現している自己へ、と
いう直線的な人間像ではなく、時代や環境によって、時には何事にも
肯定的に楽観的に生きることができる場合もあれば（第一種）、何か
自分にとって悲しい出来事やつらい出来事があると、時には世界は
どうしようもなく見えるときもあり（第二種）、そのようなつらい心
理的危機にみまわれたときに、不意に自己より大きなもの（神、仏、
大宇宙といったサムシング・グレイトといったもの）に任せてみよう
と思える場合（第三種）があり、さらに、それを超えて、自分自身が

仏的な在り方・生き方（大慈悲の在り方・生き方。すなわち、自己の苦しみにも囚われていない、第四種）を実践することもある、この第四種（ポストモダン的人間像）を目指したいと久松は考えるのである。

　以上に検討したように、不登校という学校の課題を一つとってみても、我々は必ずしも西洋的な心理学や教育理論を軸とした人間像だけでなく、たとえば「無我」、「仏性性」「ポストモダンの人間像」といった仏教的人間観の理解をとおして、必ずしも不登校という現象が人生において克服するべきマイナスのものなのではなく、また、社会的適応こそが人生や教育の目標なのでもなく、それらの経験を通じて新たな（不登校を経験しなければ気づかなかった）気づきや自己成長の可能性が、不登校という現象の中に潜在することに目を向けられるような教師や大人が増えていくところにこそ、不登校児童生徒のつらさ、苦しみを軽減する新たな一歩となるのではないかと考える。

注

---

[1] 越川房子「「無我」の心理学的構造と機能」井上ウィマラ他編『仏教心理学キーワード事典』春秋社、2012年、210頁。

[2] 無常とは、「常なることの無いこと。一切のものは消滅・変化して常住ではないこと。人生のはかないこと」を意味する。（増谷文雄、金岡秀友『仏教日常辞典』太陽出版、1997年、362頁）

[3] 同上辞典、319頁。

⁴ 同上辞典、320 頁。

⁵ 鈴木大拙「一禅者の思索」の中の「無明と世界友好」『鈴木大拙全集第 15 巻』1969 年、13〜18 頁。竹内明『仏教と教育』佛教大学、1985 年、116〜125 頁。

⁶ 前掲辞典、164 頁。なお、仏教的術語としての「差別（しゃべつ）」は、一般に用いる「差別（さべつ）」のような除外や拒否を意味する語ではないことに注意したい。

⁷ 同辞典、313 頁。

⁸ 「教育基本法」第 1 条（教育の目的）を以下に引用する。「教育は、人格の完成をめざし、平和的な国家及び社会の形成者として、真理と正義を愛し、個人の価値をたつとび、勤労と責任を重んじ、自主的精神に充ちた心身ともに健康な国民の育成を期して行われなければならない。」

⁹ 第 1 条　（教育の目的）：文部科学省（mext.go.jp）

https://www.mext.go.jp/b_menu/kihon/about/004/a004_01.htm

2024 年 2 月 12 日アクセス。

¹⁰ 前掲辞典、319 頁。

¹¹ 同辞典、158 頁。なお、衆生とは、生きとし生けるもののこと。

¹² 久松真一『久松真一著作集・第 2 巻「絶対主体道」』理想社、1972 年。中村元『慈悲〈サーラ叢書 1〉』平楽寺書店、1956 年。平川彰『インド　中国　日本　仏教通史』春秋社、1977 年。

第7章　いじめと教育相談

―仏教思想の人間観の示唆

岩瀬真寿美

　第6章では、不登校という現象に対して仏教思想が示唆できる人間観を提案した。本章では、「いじめ問題」をテーマに掲げるが、第6章と同じ要領で、教職課程の授業の一環で実施した「いじめと教育相談」に関するロールプレイの事例を挙げ、それに対する受講生からの反応を確認した上で、教育相談におけるいじめの事例に対して仏教思想が示唆することを検討してみたい。

1．いじめの事例

　以下の二事例は、筆者が担当するある教職の授業で、受講生がグループワークの中で様々ないじめの事例を調べた上で、寸劇の形で演じた内容の中のいくつかである。（1）の事例は、SNSを通したいじめで、中学校・男子生徒を対象としたもの、（2）の事例は、外国人差別に関わるいじめで、中学校・女子生徒を対象としたものである。

（1）SNSを通したいじめ（中学校・男子生徒）

①Aさんはある中学校に通う中学2年生の男子生徒です。この中

学校では生徒一人一人にタブレット端末が貸し出されています。
②タブレット端末にはチャット機能も備えているのですが、最近A
さんに対して明らかな敵意を持った悪口が送られてくるようにな
りました。
③当然誰から送られてきたかなど一目瞭然です。
④しかし、その行為はクラス内の複数人によって行われており、周
りの人間が止めるような様子もありませんでした。
⑤やがて悪意のある発言は直接浴びせられることも増えていき、A
さんは心身ともに追い詰められていきました。
⑥耐えかねたAさんは担任の先生に相談します。

その時、担任（あなた）はどのような返答をするのが適切でしょう
か。また今後、クラスやAさんに対してどのような指導や働きかけ
が必要になるでしょうか。

（2）外国人差別に関わるいじめ（中学校・女子生徒）

①発端は外国人差別でした。Bさんは中学1年生の秋に転校をして
きました。
②授業参観日、母親が外国人であったことから、いじめが始まりま
す。
③席替えが行われた以降、Bさんはクラス内で孤立をしていきま
す。
④担任教諭は、給食を班ごとで食べるよう指導しましたが、生徒た
ちがBさんを含む班から勝手に離れていました。そのためBさん
は、給食を一人で食べることが多くなっていきました。

⑤度重なる言葉の暴力、具体的には、Bさんは「あっちへ行け」と言われるなど、度重なる言葉によるいじめを受けていきました。
⑥耐えかねたBさんは担任の先生に相談します。

その時、担任（あなた）は、どのような返答をするのが適切でしょうか。また今後、クラスやBさんに対してどのような指導や働きかけが必要になるでしょうか。

2．いじめに関する教育相談の留意点―受講生の反応から

前節の2事例の寸劇を踏まえて、受講生同士で、いじめ問題に関する教育相談の留意点について話し合った。その中で出てきたいくつかの意見を以下に紹介する。

① いじめに向き合うということは、いじめに関係した人物全員に向き合うということだと考えている。特に何故いじめが起きたのか、その原因に対するアプローチは特に重要なのではないだろうか。教師というのは生徒たちから見ると第三者、傍観者のような立ち位置に思われてしまうこともある。先生には関係の無いことだと言われ対話にすら発展しないケースも考えられる。いじめの事案が発生する以前からクラスに対して日常的にアプローチが行えているのかどうかも教師には求められるだろう。

② 生徒一人一人がどのような心境や環境にあり、なぜそのような行動をとったのかを考えることが大切である。ロールプレイでは、担任の先生がいじめの加害者に対しての対話にも時間を割いたところに注目したい。加害者の家庭環境や心境への理解を示すとともに、人を傷つけるということが悪いことであることを毅然と示

し指導することが必要と考える。

　以上、受講生による二つの意見を紹介したが（下線は筆者によるもの）、改訂版「生徒指導提要」にも、いじめ問題に関して一つの章が設けられており、いじめ防止対策推進法の成立経緯からはじまり、未然防止対策から早期対応に至るまで、第4章に詳しく述べられている（生徒指導提要、120〜140頁）。上述の受講生の意見の中にも、日常的なアプローチの重要性が述べられていたが、いじめ防止につながる発達支持的生徒指導として、生徒指導提要には次の記述がある。

　　児童生徒が「多様性を認め、人権侵害をしない人」へと育つためには、学校や学級が、人権が尊重され、安心して過ごせる場となることが必要です。こうした学校・学級の雰囲気を経験することによって、児童生徒の人権感覚や共生感覚は養われます。（生徒指導提要、130頁。下線は筆者によるもの）

　教師自身の普段の生き方や考え方、さらにそこから導き出される何気ない言葉や行動が、子どもたちの「いじめは絶対にいけないことである」という意識につながっていくということがよく理解できる内容である。

　また、困難課題対応的生徒指導として、「生徒指導提要」には「ケース会議においては、①アセスメント（いじめの背景にある人間関係、被害児童生徒の心身の傷つきの程度、加害行為の背景、加害児童生徒の抱える課題等）を行い」とあるように（同書、137頁）、加害生徒

の抱える課題も含めて捉えていく必要がある。以上の受講生の意見にもあったように、いじめへの毅然とした指導のみならず、日頃からの学級・クラス運営、雰囲気作りなど、教員が努力できることは多くある。このように、教師や、当該児童生徒をとりまく大人たちの人間観さえも、いじめの被害者、加害者、観衆、傍観者にとっても大きく影響するといえよう[1]。

前章では、仏教思想が示唆する人間像として、無我、仏性性、ポストモダンの人間像、という三つの観点から考察したが、本章では、(1)仏教者の西谷啓治が近代以降の課題として捉える「相克」、(2)「相克」を超えるために必要な「本来人」という在り方という二つの視点から検討してみたい。

3．いじめ問題に対して仏教思想が示唆する人間像

(1) 近代以降の課題としての「相克」

近代以降、わが国では、便利さ、快適さの追求とともにその方面での実現は大きく進展してきた。一方で、人々の幸せ感が増したかといえば、必ずしもそうとはいえないことはよく知られている。厚生労働省によって示されている基礎データを参照すると[2]、わが国では平成10年から平成20年あたりに自殺者数は大幅に多く、年間三万人を超していたが、令和4年の統計を見ても、自殺者数は年間二万人を超している。その背景には多様な要因が絡んでおり、一概に一つの理由に定めることは困難とされる。たとえば、「経済・生活問題」や「家庭問題」等、他の問題が深刻化する中で、これらと連鎖して、うつ病

等の「健康問題」が生ずる等」と分析されている[3]。科学技術の進化に伴い、物質的には便利な世の中に変化する中、一方で目には見えにくい大きな問題が横たわっていると言わざるを得ない。ここでの大きな問題とはいったい何なのだろうか。

　この問題について「相克」という視点からすでに 100 年以上も前に捉えていた仏教者がいる。それは西谷啓治（1900－1990）である。以下、西谷の考察を参照すると[4]、人間の利益を目的としてつくられた効率的な形式や組織によって、逆に人間が自由を失ってしまったこと、まさに皮肉な結果について指摘されている。人間は自由を失い、併せて、生き方自体に歪みがもたらされてしまった。青少年による問題行為もその中に含まるという。大人たちが抱く自由概念はあいまいであることの問題を西谷は指摘している。それは悪性自由病ともいうべき状態で、「産業公害」は人間の生理や肉体に害悪を与えるものとして知られるが、同じように「精神公害」というものを捉えている。それは、家族の離散や地域の解体によってもたらされるという。

　このように、自由や効率、便利さを求めてきた結果、精神の公害が起こっているとみるわけである。併せて、子どもを見る視点として、いわゆる「よい子」が、学校の勉強の点数の高いことなど、目に見えるもの（評価）へと焦点づけられてしまい、人間らしい体験をする機会を、物質的豊かさによって親が奪ってしまっているという状況が指摘されている。すなわち、親が良かれと思って与えている便利さが、子どもにとってそのまま充実した教育機会となっていないという皮肉な結果に陥っていることがここから分かることである。生存に意味を見出せない人々、生き甲斐が見出せない人々がいるということ

自体が近代以降の社会問題として挙げられる。そこには、人間そのものの形成よりも、操られた大衆、群衆としての道具化、部品化、商品化という現実が横たわっている。言い換えれば、一人ひとりの人間の個々の具体が尊重されているのではなく、たとえば、ある時は消費者として、ある時は労働者として、数としての人間、手段としての人間として、社会が人間を見てしまっているという問題である。

　「相克」という言葉を自己におけるものと他者に対するものという二つに分けて考えてみると、自己における相克は以下の様相である。心の底からの安定がない、自分自身をも信じ得られない、自分という存在の空しさ、無意味さ、不安を感じる、物質的に不満がないにもかかわらず、心の奥深くに、精神的に満たされないものを持つ、自分にとって変わることのない価値を持つものが何もない。自分の存在そのものの出所も帰所も分からない。生き方の中心や基軸がないまま、不断に散乱する。自分の人生を据える根本の基礎がはっきりつかめず、自分がどこまでも自分だけの自由を拡大し、自分だけの幸福を追求し、自分の私利を追求する。全てにおいて自分の得になるように生きる。自己中心的な生き方をする。以上のような生き方がどのような結果をもたらすかというと、自分が自分のうちに閉じこもる（孤独）、人間としての中核の喪失、人格的統一がなくなる、性格形成ができなくなる（自己の内部での自己相克）ということになってしまうわけである。

　このような、問題・課題をもった自己が、どのようにして他者と関わるかというと、やはり他者とも相克することになる。具体的な様相として、病的に自閉的であったり、信頼関係が薄まり、誠実さやまこ

とを含まない人間関係になったり、自分が絶対に正しいと信じる度合いが強かったり、仲間に溶け込めないものを心の底に感じ、次第に仲間や社会に対してアウトサイダーになり、人間関係からはずれ、人間らしい気持を失う、自分の方から人間らしい気持ちを拒否し、相手をも人間として尊重する気持ちを失い、人間ばかりでなく全てが欲望の手段になり、人と付き合う場合には何かこれ以上は付き合えない、それ以上は立ち入れないというところにすぐぶつかる、本当の親和が成立する前にすぐに壁ができる、という具合として西谷は描写している。

　結局、閉じこもる自己、自己分裂する自己といった自己における相克をもつ自己は、自己自身の問題だけでなく、他者との関わりにおいても歪みを生み出すということになり、他者との信頼関係が薄れ、友愛の視点が欠けてしまうわけである。仏教的な「慈悲心」はもともと、友愛をもととした言葉でもあるが、「相克」した自己は慈悲心を持つことがなく、他者と関わる。そこに、一つの典型的な事象としての「いじめ」という問題が生じてくるといえるだろう。もちろん、近代以降の社会の様相だけがいじめの原因であるとはいえない。しかしながら、人間が自己においても他者に対しても「相克」しやすいという社会構造の在り方それ自体にも、我々は目を向けていくことが必要なのではないだろうか。

（2）「相克」を超える「本来人」という在り方
　では、（1）で述べた自己における「相克」、他者との「相克」をど

のように乗り越えられるかについて、ここで検討してみたい。「本来人」という言葉は、現時点での「私」が「本来のものではない」ということを前提とする言葉で、ではどこに「本来の私」があるのだろうという疑問を呼び起こすが、西谷はそれを「心の閑」、「安心立命（あんじんりゅうみょう）」を特徴とする自己であると捉えた[5]。逆に言えば、心に余裕がなかったり、心配が尽きないところに、他者との相克も生まれると見ることができる。

　本来人は、自分自身への主観的、抽象的な執着を全く脱しているという。日常生活において、我々は「私」というものに執着しやすい。それは、主観的なものであったり、抽象的なものであったりする。逆に言えば、客観的に自分を見ることは難しいし、自分というものをイメージで捉えてしまいやすい日常がある。しかし、そこにこそ、苦悩が生まれる原因があるといえるのである。「私」というものに執着した結果、ナルシシズムであったり自己呵責が出てくるわけであるが、「私」というものに執着しなければ、そのような自分への見方はそもそもない（すなわち「無我」）ということができる。また、西谷によれば、「本来の私」の心は閑かであり、それは言い換えれば「自覚」ともいえるという。すなわち、そこでは「大きな」自分が覚めているということであり、そこには「大きな」主体性と「大きな」自由がある。

　ここで「大きな」に鍵かっこをつけたのは、一般的に言うところの主体性や自由の概念とは異なることを示したいがためである。一般的な主体性、自由とは、自己選択を主軸に、あくまで自分の力を最大限に発揮しようとするものであるが、それをも超えた（あるいは滅し

た）ところに「大きな主体性」や「大きな自由」というものがあると考えるのである。そこでは、「私が私が」と自己主張をしなくても（逆に主張しないからこそ）、主体性や自由が働くという、そのような「大きな」自己の在り方がある。

　違った表現をすれば、「どれだけ忙しくても同時に心は忙しくない」という言い方が可能となる。これは一見、矛盾にも見えるが、「小さな」私が現象的に忙しくても、「大きな」私の心は動じていないという在り方が、矛盾ではなく、可能となる。それはまさに、「動の中に静があり、静がそのまま動である」という言い方にも通じる、言ってみれば禅的な境地である。いじめ問題においても、加害者、被害者、それを見聞きする者、皆の心は動じている。しかし、動じながらにして、しかも「大きな」主体性や自由を持ち得るかというところが仏教的に示唆できるところである。以上に述べてきたことは、自己における相克を乗り越えた本来人の在り方の具体であったが、そのような自己は、他者に対する相克をどう乗り越えていると言えるだろうか。

　西谷は、「共在」という言葉を使っている。「本来人」は、他者や、もっと広い意味で環境とどう関わるかというと、信頼において「より（寄り、依り）合える」という。つまり、自分自身が一人で自立、自律しているという視点ではなく、他者と信頼において寄り（依り）合っている、その関係性の中で生きることが、本来人の在り方として重要であるという見方である。この「共在」という在り方は、あらゆる意味で自他の差別を絶した本源が意識される在り方であるという。つまり、差別（しゃべつ）という違いに焦点を合わせるのではなく、他者と同根であるというところ（すなわち「平等」）に目を向ける在り

方である。

　言ってみれば、私もあなたも悩みをもつ衆生であり、その悩みの具体は違っていても、悩みを持っているという点で同じというわけである。また逆に、私もあなたも、いじめられたら悲しいし、仲間外れにされたらつらいという、共感の生まれる源ともいえる。私も他者も、超越的なものとの関係をもつことができ、それが宗教的ということでもあるが、言ってみれば、私もあなたも違った樹木ではあっても、同じ大地のうちにその隠れた根を張っているという点でつながっているという、そのような在り方といえる。

　先にも述べたように、西谷は、自立・自律を重視するのではなく、他者や環境との「関係性」ということに目を向ける。この、関係性の中にこそ、究極的な確かさやまことがあるというのである。万物は自己と同根であるからこそ、自己は無私、無我となることができる。すなわち、他者との平等性を意識するからこそ、そこに、慈悲とか愛とか言われるものが自然と出てくるということなのである。西谷が「世界を場にして見る」というのは、逆に言えば、物事を自己の立場から見るのではないということである。主観ではなく、世界を場に物事を見るということ、ここに他者に対する愛・慈悲が現れるということである。このように考えると、思いやりというのは「持つ」というよりも、自己存在の在り方によって、自然と「現れてくるもの」といえるかもしれない。

　以上、自己と他者とが完全には切り離して捉えられる存在ではないことを認識することの意義を西谷の考え方に依りながら検討してきた。いじめ問題は、社会学的にも教育学的にも、様々に解釈されて

68

いるが、仏教的人間学、仏教的人間存在論といった視点から本章では考えてきた。「相克」という人間の在り方は近代以降、とりわけ問題として目に見えるかたちで表出してきているが、一人一人が、他者と同根であるということを意識することにより、自然と他者に対する愛・慈悲が現れると考えるならば、人間をどう見るか、自己がどう在るかといったことが、いじめ問題という「相克」の象徴的な事例に対しても重要な示唆を及ぼすということが分かる。

　他者に対する相克は、自己における相克を根源としている場合がある。したがって、「思いやりを持ちましょう」という呼びかけや知的理解だけでは乗り越えられない人間存在の課題がここに横たわっていることを理解し、それぞれが、大人も含めて、自己における相克を克服しようとし、「本来人」となり得るよう努めていくこと、いわゆる修養ともいえるものが早急に求められるということができよう。

注

---

[1]　「被害者」「加害者」「観衆」「傍観者」から成るいじめの四層構造については、森田洋司『いじめとは何か』（中公新書、2010 年）参照。

[2]　厚生労働省自殺対策推進室　警察庁生活安全局生活安全企画課「令和 4 年中における自殺の状況」（令和 5 年 3 月 14 日）

https://www.mhlw.go.jp/content/R4kakutei01.pdf

2024 年 2 月 12 日アクセス

³ 同上、8頁。

⁴ 西谷啓治「現代文明と禅」西谷著、掘尾孟校訂責任者『西谷啓治著作集第 11 巻』創文社、162、178、183 頁。

西谷啓治「禅に於ける「法」と「人」」同書所収、72、138、141 頁（初出は久松真一・西谷編『禅の本質と人間の真理』創文社、1969 年）。

西谷啓治「禅の立場」同書所収、6‐7、19 頁（初出は「禅の立場」『講座 禅』第一巻所収）。

西谷啓治「現代における思想的課題—人類の明日を開く思想を求めて」西谷著、上田閑照校訂責任者『西谷啓治著作集第 15 巻』創文社、79、97頁。

西谷啓治「禅の現代的意義」『西谷啓治著作集第 18 巻』創文社、13‐14 頁、21‐22 頁、25‐28 頁（初出は村瀬玄妙集『禅』第 18 巻 204 号、黄檗居士林・潮音精舎、1972 年所収）。

⁵ 安心立命とは、一般には、心が落ち着いて心配がないことをいう（増谷文雄、金岡秀友『仏教日常辞典』太陽出版、1997 年）。

第8章　教育相談の課題と工夫
—中等教育機関へのインタビューから

岩瀬真寿美

はじめに

　令和5（2023）年3月に一般社団法人日本臨床心理士会が刊行した「文部科学省　令和4年度いじめ対策・不登校支援等推進事業報告書」の中には「スクールカウンセラー及びスクールソーシャルワーカーの常勤化に向けた調査研究」の報告が記されている[1]。基本業務として、はじめに出てくるのが、本ハンドブックの第6章と第7章でもテーマとした不登校への支援やいじめ問題への対応であるが、その他にも、暴力行為への対応や児童虐待への対応、自殺予防など、数多くの課題への対応が求められている。そこには、教育委員会のほぼ100%がスクールカウンセラーの常勤化を望んでいるともあり、スクールカウンセラーやスクールソーシャルワーカーといった専門職が学校現場で大きな期待を背負っていることは言を俟たない。刻々と変化する学校現場の実態がある中ではあるが、本章では、筆者が2023年にインタビューを実施した二つの学校の教育相談の課題と工夫を取り上げることをとおして、現在の学校現場での教育相談の実際の理解への一助としたい。

1．X学校の事例

　まず、「Q1　学校の教育相談室の設立経緯と特徴」を聞いたところ、2022年の4月に開設されたとのこと、それまでは、週1回、非常勤で面接対応をおこなっていたが、その後、体制整備が完備されたとのことである。教育相談全般に携わる職員体制については、教育相談係として、養護教諭、スクールカウンセラー（SC）、スクールソーシャルワーカー（SSW）、教育相談コーディネーターがいるとのことである。教育相談室は玄関から近い場所にあり、複数の生徒が同時に来室しても被らないよう、仕切りの工夫がされている。この教育相談室は、生徒の居場所ともなっている。いつでも相談できる体制になっており、生徒が休憩をすることもできる（もちろん、授業中は教員の許可が必要である）。昼休みに友人と一緒に食事をしたくない生徒が来室をして一人で食事をすることもある。連れだって来室する生徒は数名程度であり、そう多くはない。開室した年は、3学年すべて、大体同程度の来室状況（来室数）であった。

　続いて「Q2　この学校の教育相談の特徴」について聞いた。それは、気軽に安心して生徒が相談に来ることができること、特に女子生徒が多いこと、2023年の1学期だけでみると、8割程度が女子生徒であったこと、教室での居づらさや人間関係の悩みなどが理由で来室する生徒が多いことなどを聞くことができた。居場所という点のみならず、他の人に相談しにくいことでも相談できることや、話を聴いてもらえるということ自体に意味があることが理解できる。

　「Q3　スクールソーシャルワーカー（SSW）の完備状況」について聞いたところ、教育相談コーディネーターが週2日と、SSWは週

72

３日という答えであった。相談を受ける側の性別が女性か男性かという点も、女子生徒の来室数の多さに関係があるということが分かる。次に「Ｑ４　難しい案件や虐待・不登校生徒の相談に関して」の対応について聞いたところ、虐待やリストカットなどについては、家庭の環境を何とかしないと重大な問題になることや、関係機関との連携が必要となることについても話を聞いた。

　「Ｑ５　虐待や不登校の増加の社会的背景にどのようなことがあると思うか」について尋ねたところ、コロナ禍で育ってきた子どもたちは、やはり人間関係の作り方もつたないという意見や、理由がはっきりした不登校というのはほとんどないこと、病院の診断書がでる場合もあることや、全日制高校だけに通うことだけが選択肢ではないといった考えについて聞くことができた。サポート校に早めに転学させようとする親もいること、相談室には来ることができても教室に来られないと、単位が出ないという高校の在り方、しかしもう少し時間的な余裕があれば更に働きかけられることもあるかもしれないというもどかしさ等について聞くことができた。相談室では、市町村のセンターへの案内や高校認定試験受験によって進学に結び付けることの案内などについても実施しているということであった。

　「Ｑ６　思春期ならではの教育相談で心がけていること」について聞いたところ、大人のことを嫌だと思ったり、自分にとっての正義とそぐわないことへのもどかしさを感じたりするなど、一生懸命、自身の心を整理している生徒たちが多いという印象とのことであった。たとえば、一生懸命、教室では友達と仲良く振舞っていても、相談室ではもう嫌だと言っている生徒もいることや、SSW は、このような

色々な顔を持っていてもよいと思っているが、自身の一貫性を保とうと頑張っている生徒が多いということを聞くことができた。なお、ヤングケアラーや虐待を受けている子どもたちは、自分の家庭のことしか知らない（これまで、他者の環境と比べて、客観的に自分の家庭について見てきていない）ため、生徒自身の人生や環境をそのまま認めるよう、また、肯定できるよう、努めているといった考えを聞くことができた。中でも、自分でこうしなければならないという一つの価値観にがんじがらめになることが、生徒自身の生きにくさを生み出している、という説明が印象的であった。

「Q7　外国にルーツをもつ生徒の悩みに対する対応」について聞いたところ、日本の学校での当たり前をなかなか理解できないこと、NPOとの連携を相談室ではおこなっているが、生徒を誘ってもなかなか繋がっていかないという課題があることを聞いた。また、女子生徒の方が積極的に先の進路のことを考えながら支援を受けようとするが、非行傾向をもつ生徒たちや、生活に必死で余裕がない保護者については、その提案にのっかってくれない場合もあるといった課題を聞くことができた。根底には、自分が困っているということ自体に気づけないという問題や、何となく気が乗らないといった課題があるようだ。外国にルーツをもつ生徒の悩みには、様々な問題が重なっていて、一つの問題に絞ることはできないということも理解できた。

「Q8　担任の教員との連携方法」について聞いたところ、まず、色々な教師やSC、SSW、養護教諭に見せる顔は、それぞれ違ってよいと考えているということであった。それぞれの守秘義務はあるが、それを超えた集団守秘を守れる学校文化ができることが理想的であ

るということ、さらにケーススタディがしっかりできるとより良いこと、また、学年の担任会議に SSW が入っていって、心配な生徒の情報を得て、コメントしたり努力していることを聞くことができた。過干渉の母親の生活の困りごと等を話してもらったりして、母親を通じて間接的に生徒が改善することもあるということであった。

　以上、X 学校に対する本インタビューから分かったことをまとめると、生徒自身が自分のアイデンティティ構築に切磋琢磨することを促すよりも、チーム学校の中で、教師、SC、SSW、養護教諭、教育相談コーディネーターなど、様々な大人に生徒が様々な顔を見せながら、自分の相談しやすい人に相談できる体制がつくられていくことの重要性である。また、教育相談室という場所そのものが生徒の居場所になっているという成功事例の在り方について具体的に知ることができた。

2．　Y学校の事例

　続いて別の学校へのインタビューについて述べる。「Q1　学校の教育相談の歴史や経緯」については、15 年前あたりから SC を招聘したところから本格的に教育相談が始まったということであった。SSW については約 10 年前にその必要性が考えられ、家庭的な問題などが心理的な要素につながっているという知見から、SSW が置かれたということであった。「Q2　教育相談室の体制」については、SCと SSW の本質的な役割、関係性に関して、教員対象の講習会を開き、教員自身による SC や SSW に対する認知度を上げていくことが重要

であることを聞いた。それと併せ、校務分掌の位置づけとして、教育相談の責任者を置き、教育相談部長が学内の運営委員会にも出席するといった体制づくりの重要性を聞くことができた。SC と SSW の在室する教室がそれぞれあり、各学年に教育相談の教諭が1名ずつ配置されている。その教諭が SC か SSW のいずれにつなげるかを判断していくという体制であるが、自ら生徒が予約して SC あるいは SSW を訪ねる場合もあるとのことである。

　「Q3　どのような相談が多いか」について聞くと、人間関係、家庭に関すること、対人関係に自身が悩んでいるという相談が多いとのことであった。SST（ソーシャルスキルトレーニング）として、SSW が発信する教育プログラムが実施されており、全員参加ではなく、希望者の参加であるものの、毎回 10 人程度は参加しているという。これは、対人関係に関する実践的な学びとなっている。また、学内にいる SC や SSW だけでなく、精神科医との契約のもと、年に6回か7回は精神科医が来学し、学校から心療内科につなげる仕組みもできている。

　「Q4　教育相談における担任の役割」について聞いたところ、主には本人の状況や家庭環境を把握する役割であるとのことである。SC の役割にまではふみこまず、担任には SC や SSW につなげることが求められているとのことであった。「Q5　講習会や SC、SSW、教諭との関係性」について聞いたところ、各教員が SC や SSW とどう関わっていたら良いか、という講習会が功を奏しているとのことであり、各教員の理解が深まっていること、さらにケースカンファレンスも実施されているとのことであった。「Q6　教育相談の課題」を

聞いたところ、キーマンは教育相談コーディネーターであり、そのコーディネーターのセンス（感覚）の重要性が指摘されるとともに、適切なコーディネーターを選出することの重要性についても聞くことができた。

　「Q7　不登校、準不登校の生徒へのアプローチにおける工夫」については、担任教諭の観察力がとても重要であること、担任教諭が見過ごさないようにすることの重要性についての指摘があった。そこでは、定期的な面談をとおして、生徒当人の精神の浮き沈みを見逃さないことの重要性が指摘された。また、中学生のうちから不登校、準不登校の生徒が中にいるが、その生徒たちを見つけ出すのが高校では難しいことや、人との関わりが、コロナ禍にあって難しくなったことについての指摘もあった。併せて、中学から高校に進学するときに、通信制が選択肢の一つになっているというのが現代社会の特徴であることについても言及された。

　「Q8　教育相談における工夫点」について聞いたところ、これまでの学校教育はインプットが最優先されてきたが、むしろアウトプットさせることが学力を定着させるために有効であること、したがって考えさせる授業を展開することの重要性、そしてお互いにお互いの意見を尊重する授業展開、それ自体が教育相談に関わる対人関係の事案を良い方向に解決していくといった、授業と教育相談の相互性について聞くことができた。

　以上、まとめと背後にある人間観や教育理念について述べると、まず、Ｙ学校に対するインタビューにおいては、担任教諭が生徒の心理の浮き沈みを早めに発見することや、教諭が SC や SSW のそれぞれ

の役割を的確に把握しつなげていくことの重要性、教育相談コーディネーターのセンス（感覚）や管理職による人材配置の重要性への指摘が印象的であった。

おわりに

　児童生徒へのカウンセリングには、物的もしくは人的環境整備が欠かせない。安心して話ができる相談室の設置や、充実した相談申込手続きの整備、そして、予防段階としては児童生徒の不調の早期発見、早期予防が必要であるし、学級担任と SC、SSW との強固な連携も必要である。また、即時的な対応が求められるという点では、いつでもすぐに相談ができる体制整備が重要である。教育相談においては、当事者である児童生徒だけでなく、保護者への助言・援助も必要となってくるし、教職員へのコンサルテーションの実施も目指される。以上、本章では 2 校へのインタビューを通して、学校の教育相談の課題と工夫についての理解の一助とすることを目指した。

注

―――――――――――

[1] 一般社団法人日本臨床心理士会

「文部科学省令和 4 年度いじめ対策・不登校支援等推進事業報告書

スクールカウンセラー及びスクールソーシャルワーカーの常勤化に向けた調査研究－SC5,213 名の調査結果から」令和 5 （2023）年 3

月

https://www.mext.go.jp/a_menu/shotou/seitoshidou/20231018-ope_dev03-1.pdf

2024 年 2 月 20 日アクセス

※　本インタビューに協力いただいた全ての学校関係者の皆様に、心よりお礼申し上げます。

※　本インタビューについては、同朋大学倫理委員会（承認番号 2023-01-03）にて承認されました。

あとがき

　児童生徒たちは何に悩み、苦しんでいるのか。どうその悩み、苦しみに寄り添っていくのか。本書では、「教育相談」を考えるにあたって仏教の視座からのアプローチを試みた。

　仏教には、人間の心に目を向けてきた長い歴史がある。端的に「仏教は心の科学」（アルボムッレ・スマナサーラ著、宝島社、2008 年）と言う人もいるが、本書で触れている縁起や四苦八苦などの仏教思想は、私たちの心の構造に対する仏教的な理解と考えていただければよいと思う。仏教は、心の構造を理解し、自己の心と向き合っていく術を教えているのである。

　心の構造は、教員も生徒も変わらない。皆、さまざまな人間関係や環境の中で生じる悩み、苦しみに向き合い、生きている。教員も生徒も同じ課題を抱えているのであり、教員はほんの少し先を歩き、歩き方を多少よく知っているにすぎないと言える。しかも生徒は、自分の道を自分の足で歩く方法、つまり悩み苦しむ自分の心とつきあう方法を自分自身で身につけていかなければならない。したがって「教育相談」では、児童の悩みが起因する具体的な問題の解決とともに、生徒自身が自分の心と向き合う方法を一緒に考えていくことも大事な点となるであろう。そこでは教員自身が心をどのように理解し、向き合っているのかが大きな鍵となるはずである。

　本書は、「教育相談」を考える視座を仏教に求めたが、教員の皆さんが教育相談を考える一助になるならば幸いである。

（鶴見　晃）

【著者略歴】

岩瀬真寿美（いわせ　ますみ）　博士（教育学）。

2010 年　名古屋大学大学院教育発達科学研究科博士課程後期課程修了。名古屋産業大学講師、准教授を経て、2018 年より同朋大学社会福祉学部准教授。

単著『人間形成における「如来蔵思想」の教育的道徳的意義』国書刊行会、2011 年。

鶴見　晃（つるみ　あきら）

2000 年　大谷大学大学院後期博士課程満期退学。真宗大谷派教学研究所助手、研究員、所員を経て、2020 年より同朋大学文学部准教授、2021 年同教授。

単著『『観無量寿経』「是旃陀羅」問題とは何か』真宗大谷派三重教区、2021 年。『念仏と人生』真宗興隆会、2022 年。

共著『仏教のミカタ』東本願寺出版、2022 年。

目黒達哉（めぐろ　たつや）　博士（心理学）。

1986 年　愛知学院大学大学院文学研究科心理学専攻修士課程修了。2018 年関西大学大学院心理学研究科博士課程後期課程修了。愛知新城大谷大学准教授を経て、2008 年より同朋大学社会福祉学部准教授、2010 年より教授、2020 年より大学院人間研究科長、2024 年より同朋大学大学院人間学研究科客員教授、仁愛大学人間学部・人間学研究科特任教授。

単著　「傾聴ボランティアの臨床心理学的意義とその養成」樹村房、2019 年。

共編「障害をもつ人の心理と支援－育ち・成長・かかわり」学術図書出版社、2022 年。

教育相談×仏教思想

—教育相談に示唆する仏教的人間観—

2024 年 4 月 17 日　第 1 版第 1 刷発行Ⓒ

著　者　岩瀬真寿美・鶴見　晃・目黒達哉

発行者　早 川 偉 久

発行所　開 成 出 版

　　　　〒130-0021　東京都墨田区緑 4 丁目 22-11

　　　　　　　　　　　　　　　北村ビル 5B

　　　TEL. 03-6240-2806　FAX. 03-6240-2807

ISBN 978-4-87603-555-7　C3037